高山景行

——家乡人记忆中的季羡林先生

中共临清市委宣传部 编

山东大学出版社

图书在版编目(CIP)数据

高山景行:家乡人记忆中的季羡林先生/中共临清市委宣传部编.—济南:山东大学出版社,2019.6
ISBN 978-7-5607-6367-5

Ⅰ.①高… Ⅱ.①中… Ⅲ.①季羡林(1911-2009)—纪念文集 Ⅳ.①K825.6-53

中国版本图书馆 CIP 数据核字(2019)第 129771 号

责任编辑:张 瑞
封面设计:张 荔

出版发行:山东大学出版社
社 址 山东省济南市山大南路 20 号
邮 编 250100
电 话 市场部(0531)88363008
经 销:新华书店
印 刷:山东百润本色印刷有限公司
规 格:720 毫米×1000 毫米 1/16
16 印张 4 插页 275 千字
版 次:2019 年 6 月第 1 版
印 次:2019 年 6 月第 1 次印刷
定 价:66.00 元

季羡林先生

2001 年 8 月 6 日，中共临清市委、市政府隆重举办临清各界人士庆祝季羡林先生九十华诞茶话会(徐延林 摄)

2001年5月，时任聊城市委书记、聊城市人大常委会主任郭兆信同志，时任临清市委书记万庆阳同志等领导赴京看望季羡林先生

1999年，季羡林先生向家乡临清赠送了价值近7万元的珍贵书籍

1997 年 10 月，聊城师范学院敦聘季羡林先生为名誉院长

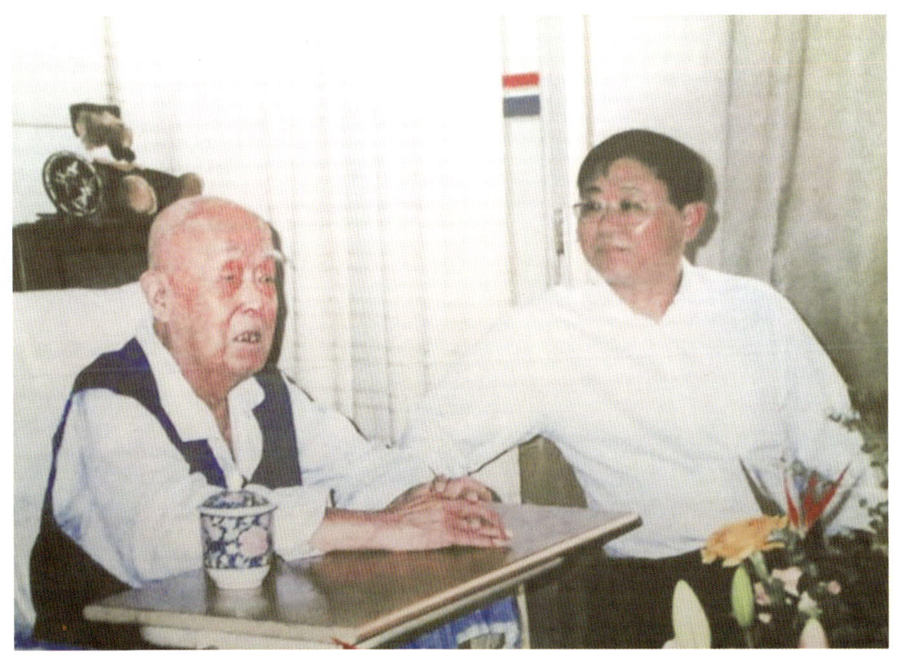

时任临清市委书记、市人大常委会主任李吉增同志（现为山东省人大内务司法委员会副主任委员）看望季羡林先生

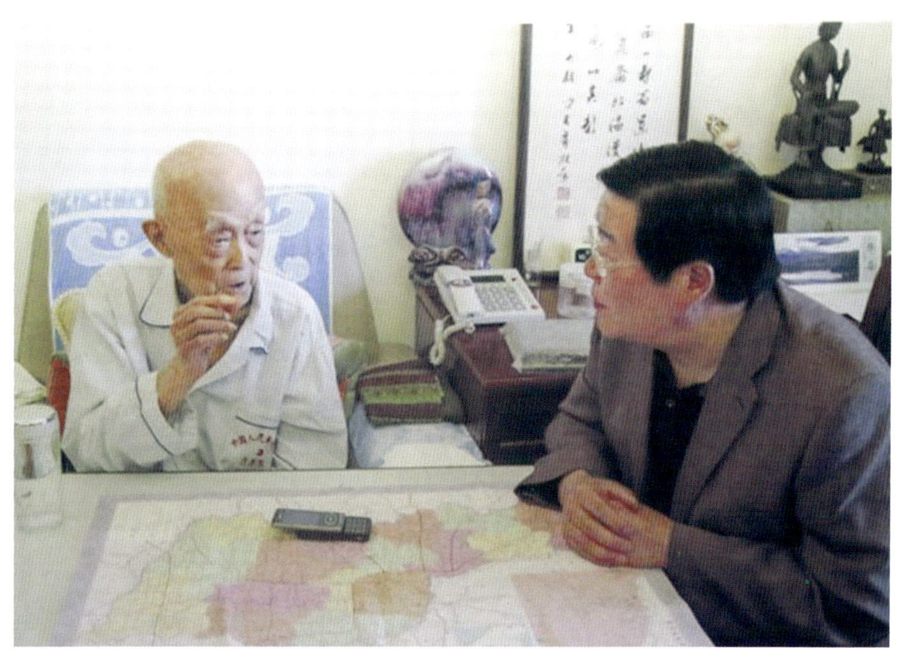

时任临清市委书记、临清市人大常委会主任张旋宇同志（现为聊城市政协主席）看望季羡林先生

时任临清市委副书记、市长王建鹏同志（现为聊城市人大常委会副主任）看望季羡林先生

时任临清市委副书记张连臣同志（现为聊城技师学院党委书记、聊城市高新区党工委书记、管委会主任）看望季羡林先生

中共临清市委副书记、市长祁学兰同志看望季羡林先生

2001 年 8 月，季羡林先生回乡刚下火车时接受采访(井扬 摄)

2001 年 8 月，季羡林先生在祝寿宴会上讲话(杨林鸿 摄)

《高山景行》编委会

序

中共临清市委书记 何亮卓

临清是座千年古县、山东省历史文化名城，明清时期凭借运河漕运而崛起，有“繁华压两京”“富庶甲齐郡”之誉。这里人杰地灵、名人辈出，当代著名学者季羡林先生即为翘楚。

1911 年 8 月 6 日，季羡林出生于临清市康庄镇官庄村的一户农民家庭。6 岁离家，到济南投奔叔父季嗣诚，读完中小学。1930 年，考入清华大学西洋文学系。1934 年大学毕业后，在山东省立高中任教。1935 年 9 月，考取清华大学赴德国研究生。留德期间，季羡林饱受“二战”带来的战乱之苦，在逆境中坚持刻苦攻读，获得哥廷根大学哲学博士学位。“二战”结束后，季羡林于 1945 年 10 月辗转经瑞士回到祖国，到北京大学任教。他创建了北京大学东方语言文学系，先后担任该系教授、系主任，北京大学副校长、北京大学南亚研究所所长等职务，并曾担任第五届全国政协委员和第六届全国人大常委会委员。他博古通今，著作等身，是当代著名语言学家、翻译家、散文家、东方文化研究专家。2009 年 7 月 11 日，季羡林先生辞世，享年 98 岁。

季羡林先生一生心系桑梓，情牵故土。他省吃俭用，捐资支持家乡教育事业；他奔走呼吁，使临清古塔得以修缮；他撰写文章，宣传临清，让外界了解临清、了解聊城；等等。临清的发展凝聚着季羡林先生的心血，家乡人民不会忘记。季羡林先生在世期间，家乡的不少人都拜访过他，聆听过其教诲。先生辞世后，家乡筹建了季羡林先生纪念馆、憩园，修复了季羡林故居。季羡林先生已成为临清的一张文化名片，永远是家乡的骄傲和荣耀。

“高山仰止，景行行止。”2019年适逢季老逝世10周年和108周年诞辰，临清市决定开展系列纪念活动，深切缅怀季羡林先生，弘扬先生热爱祖国、热爱人民、热爱家乡的崇高精神和高尚品格。出版《高山景行——家乡人记忆中的季羡林先生》即活动中的一部分。本书从家乡人忆季羡林先生、季羡林先生笔下的家乡和季羡林先生与家乡活动三个方面，收集整理了较为丰富的资料，内容翔实，很多资料弥足珍贵，展现了先生与家乡之间的浓厚深情。此书的出版发行，对于继承先生遗志、弘扬先生精神、光大先生品格，激发全市人民打造“一城三区”、建设“富美临清”的热情，具有重要的促进作用。我们坚信，在习近平新时代中国特色社会主义思想的指引下，在羡林精神的感召下，经过全市上下的共同努力，临清这颗鲁西北大地上的璀璨明珠，必将放射出更加绚丽的光彩！

2019年6月6日

目 录

家乡人忆季羡林先生

季羡林先生笔下的家乡

季羡林先生与家乡活动资料汇编

家乡人忆季羡林先生

追忆我的老乡季羡林

王克玉

惊闻一代宗师季羡林先生突然仙逝，悲痛之余追忆我四次见到季羡林先生的情景，其音容笑貌仍历历在目。

——题记

季羡林先生，是中国著名东方学家、文学家、教育家和社会活动家。作为季羡林先生的同乡，我有缘四次拜见季老，每当回想起来，心情都久久不能平静。

北京大学一见季老

第一次拜见季老，是 1997 年春我在中央党校学习的时候。回忆起缘由，是我的故乡距离季老故乡官庄不足 20 里，同属原山东省清平县，早在学生时代我就爱读季老的散文，最近几年对他的道德文章更是十分崇拜，加之学习所在的中央党校与北京大学近邻，渴望拜见季老的愿望自然就更加强烈。经与在一起学习的陈延明（时任山东省聊城市委书记）商议，想不到我们两人一拍即合，他还积极主动联系安排见面事宜。

然而，进入北京大学校门，马上要见到季老了，我的心中却又顾虑起来：学贯中西、闻名世界的学界泰斗，能欢迎我这个素昧平生的老乡吗？及至见了面，经陪同的临清老乡一介绍，季老就紧紧握住我的手，好久不松开，还亲热地问起山东及家乡的情况，我那不必要的疑虑也就烟消云散了。

我注视着他那朴素的装束和慈祥的笑容，倾听着他那“乡音未改”的谈

吐，直觉得“一见如故”。他牵着我的手，在家里走东间看西间，开开书橱，翻翻书本，各个房间满满当当的藏书让我眼界大开。他告诉我：“在北大教授中，如果评‘藏书状元’，我恐怕是当之无愧的。”“我的藏书都像是我的朋友，而且是密友。”我感到震惊，回来的路上一直在想：“藏书状元”所藏之书足有几万册吧，与几万册书交上朋友，其爱书痴迷的心态也就可想而知了。第一次见面，季老的热情、朴实、博览群书，给我留下极为深刻的印象。

东昌湖畔二见季老

还是这一年的金秋十月，我有幸在聊城东昌湖畔又一次见到了季老。1997 年的 10 月 9 日，我到聊城忙公务，恰逢季老在聊城大学讲学，算是一次巧遇。常言道：“一回生，二回熟。”这次就真的是老朋友相见了。一见面握手，我就激动地说：“季老 86 岁高龄了，还出来讲学。”他微笑着说：“身体还好，只是眼睛刚动了小手术，影响看书、写字，但不影响讲课。”接着他拿出三本书，边签名边告诉我：“这是最近出版的，送给你留个纪念吧。”看着他那认真、诚恳的表情和那流畅秀丽的三行手书，联想到季老眼睛有疾，还坚持签字，字还写得这么好，我的眼眶不禁湿润了。

当天晚上，在聊城市委的安排下，我们和季老共进晚餐。彼此没有客套，也没有多少对话，只有来往敬酒的川流不息。为了表示尊重，我陪伴在季老身边一步也没有离开，也没有到其他房间敬酒。见季老有些不便，我不时地为季老夹菜，看着季老夹多少吃多少，一口一口地吃得香甜，心中十分高兴。心想，季老爱吃家乡菜，对家乡感情就是亲。饭后听聊城大学的领导说，季老次日去临清，还要回家乡官庄给父母扫墓。考虑到晚秋季节田野的风寒，我带着一件新羊绒衫，送到季老住室，季老拉着我的手说：“谢谢你，想得这么周到。”

十几天后，一位老乡风尘仆仆地赶来说：“季老给你写了一幅字，已经裱好，让我送来。”我打开一看，工整认真，书卷气浓浓。其内容是：“春来种树入层峦，百里骑程不惮难。席地而餐随处宿，青蓑黄笠好衣冠。录寅恪师诗赠克玉同志。”落款时间是“一九九七年五月十七日”。我的心情激动得许久平静不下来。没想到季老把最尊敬的陈寅恪老师的诗，早在第一次见面后的不几天就写给我了。我深深感到，季老是一个爱家乡、重情义的人，是一个“性情中人”。

临清故里三见季老

和季老第三次见面，是在山东省临清市庆祝季老九十大寿的时候。2001年8月6日，是季老的九十华诞。临清市委、市政府把季老请到家乡来，我非常荣幸地应邀参加了这次活动。这次陪伴季老两天，朝夕相处，我的感受更深一些。

首先，我感到季老记忆力特强。一见面季老的第一句话就是："聊城那顿饭真好！"我心中为之一震。一件最普通不过的事情，而且已过去四年了，作为90岁的老人竟然印象还这么深。每次交谈，季老都一句接一句，连人名、时间、地点以及事情的一些细节，都说得清清楚楚、明明白白。同时，我清楚地看到，季老的精力过人。在8月6日这一天，季老凌晨起床在50多本赠书上签名，饭后参观书画展，接着参加祝寿茶话会和中午酒会，下午在房间接待客人，晚上观看文艺晚会，一直忙到晚上9点多钟，连我们这些60岁左右的人都感到有点吃不消了，而季老看上去并没有多少倦意。更何况季老在每场中演的是"主角"，而我们只是"看客"！

我越发感觉到季老感情真挚、思想深邃、人格高尚。季老在祝寿茶话会上没有讲稿，但讲得流畅、深刻、感人，不时赢得热烈的掌声。他说："我是农民出身，对庄稼、对下雨特别感兴趣"，"人活着不是为了吃饭，吃饭是为了活着"，"只要活一天就干一天，就我自己来讲，每天八小时还可以做到"，"道德文章，先讲道德，然后再讲文章，这是基础，为人第一，学问第二"，"我们要提倡忠诚，把我们的'忠诚'的道德核心发扬光大"，等等。全场近千人包括儿童，都静静地坐在那里，鸦雀无声。我坐在季老右边，听得入耳入神，字字句句打动着我的心。

病榻之侧四见季老

第四次和季老相见，是2005年6月22日。当时，季老在北京解放军总医院已住院几年，我和高中同学马景瑞、陈克会等几位老乡一直挂念他。当我们叩开季老的病房，看到季老坐在椅子上，露出慈祥的笑容，亲切地与我们打招呼；看到季老面前一张小长桌上摆放着书稿，背后书橱上堆着一摞摞

书籍和书稿，我心里明白了：季老身体状况不错，仍在实践着他的“冲刺”的奋斗目标，只是行走不便，工作地点变化而已。

“听说你们要来，我很高兴，这几天心里记挂着。谁能想得到我这就95岁了。但是我也想过了，决不能就此打住。”季老一见面就一板一眼地说着，最后一句的语气稍重，透露着他的坚强和自信。接着，季老向我们说起他这几年的身体调整状况和写作情况。他还高兴地告诉我们，他每天都在坚持写已有20多万字的《病榻杂记》。

当说到写回忆胡适的文章时，季老感慨万千。他说：“他在近现代史上起过重要作用，又有不少争议，非常复杂。这就要实事求是、客观地去评价。”他还说：“我于1946年回国后在北大工作，胡适是校长，我是系主任。他的工作很忙，他的秘书不懂外文。因此，外事工作就让我帮着处理。我与他在一个办公室工作两三年。”季老的助手李玉洁插话说：“大陆与胡适在一个办公室工作过的，也只有季老了。”这时，我冒昧地插问一句：“您还写不写傅斯年的回忆文章？”季老高兴地回答：“要写的。”他深情地说：“当年我进北大时，傅斯年是代理校长，都是山东聊城老乡，分外亲热。”

他边回忆边说起傅斯年当年在北大的一些作为，以及处理汉奸的事情；还提及他自己前几年到台湾为胡适、傅斯年扫墓的情况。其间，季老情绪振奋，话语滔滔不绝。我又冒昧地问了一句：“如果写成文章，还需要查一些资料吧？”助手李玉洁接过去说：“不用查资料，季老脑子里都有。资料有时还不如他记得准哩！”我想，60年前的事情纵横交错，错综复杂，争论不休，季老竟然记得如此清楚，判断如此恳切，真令人折服。

在不知不觉中，见面时间已大大超过了15分钟的规定时限。我们怕影响季老身体健康，便起身告辞。想不到，季老还没有让我们离开的意思，又问起我们几人的情况，继续交谈了一会儿。然后，他亲自签名赠书，与我们分别合影，还嘱咐助手“送客到楼下院子里”。路上我不断地在想：季老哪里是养病？住院是在潜心写书、做学问。

四次见到季老，时间有长有短，交谈有多有少，但我都深深地感悟到季老的人格魅力——平凡而伟大。

（原载“中国新闻网”2009年7月21日。作者系山东省人大常委会原副主任）

心 仪

——深切怀念季羡林伯父

张梦阳

一个人，从小心仪什么样的人物，长大就可能按照这个人物的模式塑造自己。这就是：法乎其上，得乎其中；虽不能至，心向往之。

我父亲和季羡林先生是山东临清的同乡，都是依靠山东省和清平县的奖学金上的大学。季先生上的是清华大学，学的是文科；我父亲张清濯上的是北洋大学，师从茅以升先生学土木工程，后来成为北京市政局的老高工，桥梁道路专家。回头看来，当时清平县的这一奖学制度是非常英明的。那时获奖学金的大多是穷困子弟，有了上学的机会都会发愤苦学。他们有一个共同的特点：学业精进，生活朴素。所以，很多人后来成为国家的英才，大学的副校长就出了好几位。当然，其中最为突出、最受敬重的是季羡林先生。

我小的时候，父亲就不断跟我讲述季先生刻苦学习、成绩超拔的故事，激励我以他为榜样发愤读书："你季伯父啊，中学的时候，英文就很好了。据说他还能用英文写小说。""你季伯父啊，很年轻就在报纸上发表很美的散文了！在清华上学时，就已经是名学生了！后来到德国留学，学习梵文，又精通英、德等多国外语。但他学问越大，为人越谦和，对老乡尤其好。从来不摆教授架子，像我们桥梁工地上的师傅一样朴实。越是这样，声誉越高！"在我心中留下了极为深刻的印象，做季伯父那样的人、那样的学者，成为我从小的志愿。

20 世纪 60 年代在北京二中读书时，季先生的散文一在报纸上发表，我就如饥似渴地捧读。我的启蒙老师、著名散文家韩少华，在星期文学讲座上

带我们精细地赏析过季先生的《夹竹桃》。

1964年上北师大中文系时，恰逢“左”风盛行。我也因拼命读书、写作而挨批，有些“左”得可爱的同学批判我说：“你之所以成名成家、个人奋斗思想根深蒂固，就在于你接触的人和心仪的人，全是些资产阶级高级知识分子。”这种说法也歪打正着，我心仪的人，确实是季羡林先生那样的高级文化名人，但他们确实并不是什么“资产阶级”。

1973年9月中旬的星期一上午，我冒着晚回任教的农村中学会挨批评的风险，毅然和父亲、盛紫舟伯父一起前往北大拜谒心仪已久的季先生。先生给我的第一印象就是：这位身穿灰色中山装的清癯老人，哪里是什么“资产阶级”，完全是一位极其朴实的老农民，很像我任教中学附近村里的那位菜园“老把式”，质朴得犹如菜园边的一块极普通的石头，却能将园里的瓜果蔬菜侍弄得琳琅满目，井井有条。后来听说北大新生把季先生当成老师傅，让他代看行李；等到迎新大会开始了，往主席台上一望，才知那位老师傅竟是副校长。有人听了不大相信，认为不过是传言。我听了却当即认定是事实。因为我第一次见他时，如果不是在他家里，也可能误认他是老师傅。

他中午一回家，听说老乡来了，即刻惊喜非常，向我们热情招呼，在小厨房的圆桌旁坐下。

他听说我是北京师范大学中文系毕业的，自小就喜欢他的散文，还听我背诵了《夹竹桃》的开头两句：“夹竹桃不是名贵的花，也不是最美丽的花。”就一下子兴奋起来，挤到我身边的圆凳上坐下，忙问：“李长之现在怎么样了？”

从中听出他虽然自己遭受“文化大革命”苦难，还没有完全解放，却一心惦记着别人，尤其是山东老乡。

令人难忘的是，他的耿介和睿智。当我天真地以为聂元梓下台形势就好了时，季伯父转为严肃，抬起右手，指指上面正色道：“问题并没有解决，她的后台还在台上呢！”

他的婶母和老伴担心他又会因直言惹祸，摆手不让他讲，他的犟劲却更冲了，挺直脖子，精神矍铄地说：“没关系的，都是老乡，自己人，不怕的。”

我那时才见到了真正的季羡林先生！

多少年了，季先生耿直的样子始终如在目前。以后我写了《“文革”中，季羡林先生的一次家宴》，发表在2003年12月3日《中华读书报·家园》上，

2004 年 1 月 9 日《作家文摘》转载，以后又有多家报刊刊载，后收入当代中国出版社编辑、出版的《回望大家》里。

自见到季羡林先生的真人后，他在我心中的形象更为高大、具体了，激励我在农村中学的艰苦环境中，咬紧牙关，坚持读书和写作。

后来我收到过季先生多封来信，还见过他多次。

记得一次是 1978 年的一天中午，他下班后，顾不上午休，就伏在桌案前，在一厚叠稿纸上写作。我问他在写什么，他说在翻译印度的诗。这就是后来由人民文学出版社出版的多卷本长篇巨著《罗摩衍那》。

再一次是一天傍晚，我和一位老同学去看他。他正在房前的荷花池畔散步，见我们来了，立刻请进屋里。这时，他已对我的学习和写作情况有所了解，对我的同学说："我很赞成梦阳的精神，许多人分到下面就颓废了，不学习，应付工作就算了，梦阳还坚持研究鲁迅，写了那么多的文章。有志气！不平庸！"

1979 年 10 月，我终于调到中国社会科学院文学研究所鲁迅研究室工作，趁到北大王瑶先生家取稿的机会，又去看他，告诉他新的单位。他说："我知道这件事的。你干这件工作，正合适。调得对！"

1984 年《散文世界》创刊，林非先生让我向季先生约稿。我又去北大东语系他的办公室找他谈了一个上午。季先生踔厉风发，指点江山。后来形成了访谈记《季羡林畅谈世界散文》。

1988 年秋天，我正在文学研究所楼道里走，忽然所里一位美学家追上我说："前天到季羡林先生家去，季先生托我问你好！"

我心中一暖，忙说："谢谢！谢谢！"美学家又问我怎么跟季先生这样熟悉，我告诉他：父亲和季先生是山东临清同乡。

1996 年 11 月 6 日，我父亲去世了。我写信告诉了季伯父，两天后接到他的秘书李玉洁女士的电话，说："季先生很难过。想去看你，但年老不方便，你来一下吧！"

于是第二天傍晚，我去了季伯父家。他叹息道："又走了一位老乡、老朋友。"悲情自心中涌起。我反倒劝他，拿出刚刚出版的《阿 Q 新论——阿 Q 与世界文学中的精神典型问题》赠他，他抚着书说："比以前长进了！"很是欣慰，于是和我合影留念。

后来陕西教育出版社的同志来京，要求我带他们去看望季先生。已经

来不及事前打招呼，我只得赶紧写了封快信说明情况。第二天下午，到季先生家门口，李玉洁女士正在等候，我抱歉地说："真对不起，没有征得季先生同意就来了。"李玉洁笑笑说："刚接到信。这回是破例了，往常的客人都是得到回音才来的。我跟季先生说，张梦阳要来，你能挡吗？他笑着摇摇头，我就在此迎候了。"我们进去，我直向季先生致歉。他摆摆手，意思是没关系，就热情接待来访者，大家无不深深感动。

季先生住院以后，我极想去探视，但又恐打扰，只在写出《"文革"中，季羡林先生的一次家宴》一文后，给他挂号寄去，并问候。但我一直心仪着季先生，他的身影总在我眼前浮现。季先生研究梵文的那种"韧"性、坚实的"沉潜"精神鞭策着我，督促着我：历时九年主持编纂五卷一分册 1000 万字的《1913—1983 鲁迅研究学术论著资料汇编》，翻译了鲁迅力主国人镜鉴的史密斯的《中国人气质》，写完了三卷本 187 万字的《中国鲁迅学通史》，接着写文学版长篇小说体鲁迅传《苦魂》三部曲，立志像季先生那样写作到人生的最后一刻……

写到这里，我又在思考一个问题：究竟应该怎样称呼季羡林先生才最为合适？"国学大师"吗？"国宝"吗？明明季羡林先生生前一再"辞大师""辞国宝"，为什么要硬加上这些他本人不愿意接受的头衔呢？他如果复活，一定要抗议的。而我在前文所说的"老农民""老师傅""老把式"等，也只是一种外貌的形容，并不能概括他的本质。他是一位像"老农民""老师傅""老把式"一样的劳动者，但不是在物质生产领域，而是精神领域的劳动者。最恰切的称谓，我想应是"精神劳动者"，一位世上少有的勤恳、深邃、韧长、博大的"精神劳动者"。倘若季先生活着，还能和他谈心的话，我以为他会接受这一称谓。

哲人已逝，精神长存。我永远心仪着季羡林先生。

——2009 年 7 月 12 日下午 4 点，冒酷暑到北大季羡林先生灵堂吊唁，缅怀往事，不胜悲痛，季伯父的音容笑貌如在目前。构思《心仪》一文，回家写就。

（作者系中国社会科学院文学研究所研究员）

仰望季老

柳　木

认识季羡林先生是在一本书上，书上选有先生的一篇文章，初读感到文章甚好，遂记住了作者的名字。那是十多年前的事了，那时，在我的耳目里，还不曾听到先生的大名，也望不到先生在学界的巨人形象。反正，那初识的印象是颇为深刻的。

后来，谋面的机会自然多起来，当然仅仅是我谋先生文章的次数多起来，介绍先生的文字也似都从地下突地冒出来，看得目不暇接。不自觉中，我的心向先生靠拢了，感到自己是先生亲近的老乡、在册的学生、相知的朋友。其实，这都源于先生的文章，我总觉着先生的许多文章好像都是为我而写的，不然的话，读起来哪能如此酣畅、这般淋漓呢！

在我读过的先生的文章中，记忆最深的当属《赋得永久的悔》。虽是"命题作文"，却实乃先生真情之流露。我曾经百思不得其解：一个人发展到先生这般境地，还有何悔；风里雨里、国内国外颠簸几十年，即便有些后悔的事也在所难免。但先生偏不悔这些，而是悔其"不该离开家乡，离开母亲"。他永久地悔呀：世界上无论什么荣誉、什么地位、什么幸福、什么尊荣，都比不上待在母亲身边。这毫无杂质的"悔"文，令读者无不悔意顿生，且在其中悟得人生最值珍惜的是什么之一二。

再后来，先生被聘为学校的名誉校长，莅临之际我也曾一睹先生的风采，委实如书上所说，朴素得很，谦和得很，文雅而博学得很，真像一位讲卫生的农村二大爷，不见簇拥，却现光彩。对先生来校印象最深的一次是在科学会堂作报告，谈的是人文社会科学的中国特色，其中谈到他自己的一篇文章，题目大概是《门外中外文论絮语》。我当时就想，以先生的造诣，他在文

艺理论研究领域当早早入门且登堂入室，尚且属于“门外”一族，怪哉。如此想来，我等所谓文化人又该或站或行在所研究领域“门外”的哪方天地呢？

先生学问高深，先生的散文也极其精彩，其真情实感仿佛是从先生的肺腑里流出来的“智慧液”，其斐然文采真叫人钦羡不已，更别说那清澈而深邃的思想了，实乃非兼容百家、学贯中外之大儒而不能为也。我也曾试想过，假若同样的题材，自己又该如何构想，可是任凭怎样努力，仍距先生构思之巧妙、意境之深远远矣。真的，读先生的文章，我只能在字面上把自己的感受同先生的思想简单焊接。人夸先生散文写得好，而先生却说，“因个人不能专心于此，有点客串的性质”，自己只是一位名副其实的“文学票友”而已。不是过谦，更非矫饰，这与在北大流传甚广的“看行李”的趣闻一样，都是本真的季老一贯的做派。

季老的忙是人尽皆知的。他头衔多多、活动多多，但他又真的读书多多、成果多多。怪哉！不怪！就连先生自己也坦言，他每天早上 4 点起床工作，几十年如一日，从未辍止。你我他如此这般地做过吗？没有，或极少；即便是有，也非是为了“干活”，或跑步，或去哪旮旯儿蹓弯儿去了。一位哲人曾经说过，成功与失败的分水岭可以用这么五个字来表达——我没有时间。此言得之。

去年秋天，我曾与先生“零距离”接触过。因大学揭牌的缘由，我们一行人前去 301 医院探望季老，并请他为新大学写点什么。到时，先生将要讲的话早已写好并反复斟酌过，但将稿子交到我们手上时，先生还是再三叮咛，要我们仔细看看，有什么不通的没有，有不合适的地方没有，其言语神态，颇像一位交作业的小学生。当那篇讲话在揭牌庆典大会上被朗朗诵读的时候，我的脑海里又浮现出那位在病房门口远远向我们挥手告别的老人的音容笑貌，真切感受到先生对家乡的这所学校真是情真真、意切切，倾心关怀，寄予厚望。

在我的视野里，季老就这么一路走来，不急也不缓。这就是我眼中的季羡林先生，似不高大，但需仰望。

2003 年 8 月 20 日

（作者本名刘牧，系聊城大学图书馆党总支书记、馆长）

季羡林与聊城大学

邢培华

季羡林先生，著名的北京大学教授，一代语言文学大师。或许因着家乡的关系吧，他与我校有着不解之缘，曾经一连几次来到这里，留下了难分难舍之情。

“落后的家乡有了最高学府”

1974年，山东师范学院以所留聊城校舍，抽调1/3的人员、设备和图书组建了山东师范学院聊城分院。1981年，经国务院和山东省人民政府批准，以山师分院为基础建立聊城师范学院。从此，在鲁西这块大地上，就有了一座最高学府。聊城师范学院的成立，引起了季老对于家乡这所大学的极大关注。老院长王春华是把季老领进我校的第一人。在学院成立的第二年，季羡林先生就与著名翻译家戈宝权先生应学校邀请来到这里，参加了1982级新生的开学典礼，并举办了《从比较文学谈到中印文化交流》的学术讲座。那时的聊城师院，虽然刚刚建立，条件比较简陋，但是人们的热情不减，鲁西人好客的心情不弱。季老在他的《还乡十记》中，专门有一篇题为《聊城师范学院》的散文记载了他的这次之行。他热情洋溢地说：“当我听说聊城师范学院已经建立起来的消息时，我心中的高兴与激动，就可以想象了。这毕竟是我们地区的最高学府，是一所空前的最高学府。我们那文化落后的家乡，终于也有了最高学府了。”对于“聊城师范学院的建立，我要用世界上最美丽的语言来赞美这所学院，歌颂这所学院。如果我是一个诗人的话，我将写上无数首赞美的诗歌，以表达我的感情。因此，在我没有见到聊城师范学院以

前，我对她已经怀着深厚的感情了。现在我亲自来到，这感情更加浓烈，更加集中。"他首先为学校的建立祝贺，为学校的健康成长祝贺。这次的学校之行，使他成为我校发展史上的第一批聘请的校外的兼职教授，从这时开始，他就一直关注与支持着学校的成长与发展。每当他有了新作出版，每当有人去北京……他总是心里想着念着我们这所家乡的大学。

1991 年 9 月 17 日，因着参加在聊城举办的傅斯年学术讨论会暨孙膑兵法与经济战略发展研究会，季老抽时间来到这所令他多方关注与支持的聊城师范学院。他了解了学校的发展，热情洋溢地写下了他的观感。题词说："一九八二年我曾来我院参观，而今旧地重游，然而旧貌变新颜，高楼巍峨绿如茵，非复旧时风光矣，可见故乡教育发展之速，我国社会主义建设前途光芒万丈于兹可见矣。季羡林 一九九一年九月十七日。"他称把学院建设与社会主义建设紧密相连，是他对学校的期待，也是对社会主义教育事业发展的热爱。

"学校的发展也有我一份责任与义务"

1997 年 10 月 8 日，我们又一次盼来了季老的光临。这一次他就住在学校，饭前饭后，他多方走走，以了却思念之情。在这里，他又一次亲眼看到了为聊城经济发展插上金翅膀的京九铁路，目睹了新修的海源阁纪念馆，游览了美丽的东昌湖……但令人难忘的是，他为我校广大学子所做"人文社会科学研究也要有中国特色"的学术报告。听众所在的礼堂内，座无虚席，当季老一出现在讲台之上时，全场立即爆发出一片掌声，报告也不时为掌声所打断。他再三强调，人文社会科学研究最忌崇洋媚外，要钻研中国传统文化，弘扬民族的传统文化，令全场听众为之倾倒。10 月 10 日上午，聊城师范学院举办了敦聘季羡林先生任名誉院长的仪式。在这个仪式上，季老对学校的发展寄予了厚望。当他了解到聊师已有 5800 名在校生时，风趣地说："聊师已经是半个北大了，职工却比北大少得多。"他意味深长地把高等学校分为四个组成部分：第一部分是学生。没有学生，就不成其为学校，学生是第一位的。第二部分是教师。教师的水平是学校水平的标志，有些大学之所以有名气，就在于有一些国内外知名的教师，学校的名声就集中在知名的人才身上。第三部分是图书馆。图书馆是学校的象征，也是学校发展水平的重要标志。没有好的图书馆的高校不能成为一所好的学校。第四部分才是领导与管理。他说,这不是说领导不重要,而是说只有具有了上述三个方面,才能谈得上领导,领导就是服务。他深情地说:“现在我已经是我们学院的名誉院长了,学校的发展也有我一份责任与义务,我一定尽我的力量来帮助我们学院发展。”“我们学院”四个字,表达了季老对聊师的情分。同时,他还热情洋溢地挥笔写下了“鲁西最高学府,山东璀璨明珠”“聊城师范学院图书馆”的题词。

1999 年,为纪念聊师 25 周年校庆,5 月他应邀题写了“敬业、博学、求实、创新”的聊师校训。9 月,又题写了祝贺校庆 25 周年的题词。9 月 26 日,已近望九之年的季老从北京赶来参加学院校庆典礼。在校庆典礼大会上,他回忆了三次来学院的亲身经历,深情地说,我们学校 25 年来发生了翻天覆地的变化,学院的发展与党和国家分不开,学校的前途也与党和国家分不开。他还强调了学院的校训有两条红线:一条是努力奋斗,一条是爱国主义。同时,勉励全院师生员工共同努力把学校建设好。这天下午,学院为季老举行了《传世藏书》捐赠仪式。在捐赠仪式上,季老满怀信心地说,学院的 30 周年校庆,还会有更大的发展和变化,到时他还会来参加。

“聊城大学成立,为鲁西庆、为山东庆、为祖国庆”

学校对于季老也是满怀深情,多年来每逢节日和季老的生辰,学校都会为季老送去问候和祝福。2001 年,恰逢季老九十大寿,学校派人参加了在北京举行的庆典。同年,季老的家乡临清也为他举办了庆典活动,学校领导为季老带去了全校师生的深情厚谊和祝福。

为了学校的发展，我校适时提出了把聊城师范学院更名为聊城大学，把师范院校发展成为综合性大学的任务和奋斗目标。在学校更名的过程中，我校得到了季老的帮助，他曾经亲自给教育部相关领导写信，详细介绍学校的发展情况。教育部批准聊城大学更名后，季老非常高兴。他为学校更名题词："聊城大学之成立，诚所谓顺乎天理，应乎人情之盛举。行将见桃李遍鲁西，文风满山左，流风余韵普及神州矣。为鲁西庆，为山东庆，为祖国庆！"

2002年9月26日，学校隆重地举行了聊城大学揭牌仪式。北京大学副校长郝斌先生代表北大和季羡林先生来参加仪式。在这个庄严而令人喜悦的仪式上，郝斌先生带来了季羡林先生9月18日于北京301医院写就的《聊城大学揭牌仪式上的发言》，并代表季老接受了名誉校长的聘书。季老的书面发言，充满了对学校发展的关心。他说："聊城大学揭牌仪式是一件大事，作为本校的一分子，我无论如何也是应当来的，但因患病住院已经一月有余，至今未能出院，不能亲来参加，实深歉疚，万望大家原谅。"他还说，"无论在山东教育史上，还是在中国教育史上，聊城大学的建立都是一件大事。""我想赠给聊大四句话：与时俱进，戒骄戒躁，面向当前，着眼未来。"在谈及学校当前的任务时，他说："我们的大学刚刚才建成，水平不可能很好很高，这是很自然的事情。我们当前的首要任务就是向其他先进大学学习。聊城大学已经揭牌成立，一个新的发展阶段摆在我们面前，愿大家同心协力，乘长风，破万里浪，大跨步地走向更辉煌的目标。"

同时，季老还给学校送来了《季羡林文集》(24卷本)和他的散文集《我的心是一面镜子》以及《清华园日记》等书籍，以表达他内心的欢乐和高兴之情。他在《清华园日记》内封上写有"祝贺聊城大学揭牌"。在此之前，学校和聊城市实行校地共建，建立了新图书馆，他还题写了"聊城大学图书馆、聊城市图书馆"的馆名。

在喜逢季老九十四大寿时，学校组织编辑了纪录片《季老与聊大》和画册《季羡林先生与聊城大学》，献给季老，祝季老健康长寿，再次表达了聊大师生员工对于季老的祝福之情。现在这部画册已经在季老故乡——山东临清的季羡林纪念馆展出。

2013年12月5日，我校政治系1977级毕业生、时任北京外国语大学校长的韩震，将北京外国语大学外研社推出的全套《季羡林全集》赠送给学校，又给学校再次带来了季羡林的福音。

季羡林先生，是我们家乡的骄傲，既是我们聊城的骄傲和山东的骄傲，同时也是我们中国乃至东方的骄傲。特别是他对于家乡的亲情、对于学校的深情厚谊常在故乡人、聊大人的心中萦绕，他的深情嘱托激励着聊城大学2万余名师生员工奋发向上。

（作者系聊城大学档案馆原馆长）

随时准备抓拍

王凤刚

季羡林是我国著名文学家、教育家和社会活动家，是中外知名的东方学者。先生已辞世 10 年了，但我仍不时回想起 20 年前我抓拍到的一张季老给学生签名的珍贵照片。这张照片告诫我：要随时准备抓拍。

1997 年 10 月 9 日下午，86 岁高龄依然精神矍铄的季老应邀在聊城大学(时为“聊城师范学院”)礼堂作学术报告。作为一名校报的摄影记者，我有幸聆听并拍摄了季老作报告的一些照片。

记得当时季老身着一件褪了色的蓝涤卡中山装，脚穿一双黑色圆口布鞋，和一个普普通通的北方“土老头”农民几乎没什么两样。5:30 报告结束，季老在大家的一片热情欢呼和感谢声中，边向大家招着手，边慢慢走下讲台，走出大礼堂。在众多师生依依不舍地目送中，学校领导和季老慢慢走向离学校不远的宾馆。我觉得任务完成了，再说还得急着回去赶稿子。于是，我慌忙收拾起“家什”准备打道回府。可刚走出礼堂不远，回头一看，却发现在季老宾馆门前不远的路上，一群大学生已将季老围了起来，职业的敏感使我调头追了过去。原来是季老不顾报告后的疲惫，正在不厌其烦地站在那里给这些热情的学生认认真真地签名留念。我赶紧掏出相机，换上广角镜头，调整光圈和速度，用力挤进人群，举起相机迅速聚焦。刚拍完第三张照片，校领导就坚决拒绝了其余学生的要求，护送季老去宾馆了。结果，冲洗完照片后发现，由于距离太近，第一张照片中的季老被人头挡住了，第二张构图不好，好在这第三张还可以用，总算没有造成终生遗憾。抓拍季老签名照片一事告诉我：如果随时准备着抓拍，哪还用这么慌张？

如今，这个难得瞬间已成为学校的一张珍贵照片档案而被永久留存，它也因此永远定格在了我和聊大人的心里。

（作者系聊城大学图书馆副馆长）

季羡林先生与临清清渊诗社

胡　雷

季羡林先生对家乡临清情感深厚，多年来给予多方支持，这是大家有目共睹的。对弘扬运河文化，尤其是对临清清渊诗社的成长和发展，更是关怀备至，极力相助。

临清清渊诗社建于1987年。当时我和季老早已相识，组建时我找季老商议，征求他的意见。他连声称赞，表示祝贺。请他担任名誉社长，他慨然应允。我拟要求臧克家先生也担任我社的名誉社长，他主动介绍并代为邀请。十几年来，诗社创办的诗刊《清渊诗词》，几乎每期他都亲自审阅，并多次题词、写序，给予指导和鼓励。例如，在纪念建社5周年诗刊序言中，季老写道："创建以后于今五载，以文会友，大扇诗风，成为临清文坛上一重要组织……"并赞扬我们诗社的老同志是"宝刀不老，壮心不已，踔厉风发，所向无前。创诗社，建碑林，为我们临清增添了光辉"。

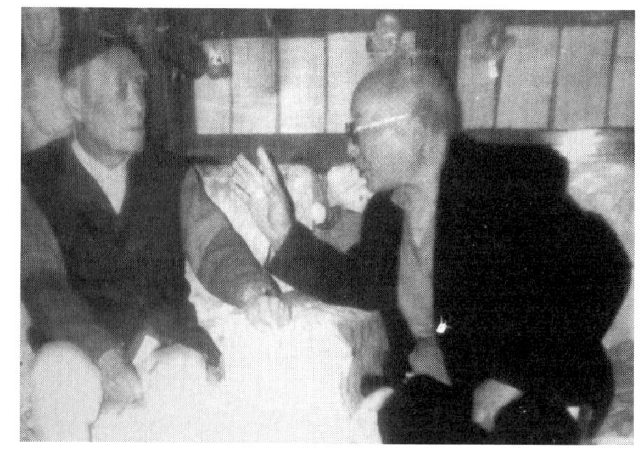

季老每次返临都找诗社诗友面谈，鼓励一番。有两次，他甚至光临寒舍，登门入室，我才知道，这种平易近人之风感人至深。十几年来，诗社诗友们多次进京求教，季老都一一热情相待。

1991年，诗社在临清市委的支持下，举办了纪念抗日名将张自忠将军百岁诞辰的活动。季老大加赞扬，主动参与。在这次活动中，诗社通过《人民日报》《全国政协报》向海内外征稿，计划建一自忠碑林，编印《碧血祭》和《自忠碑林书法选》，季老始终关注。他不仅为碑林题词，还亲自在全国若干名人中征集碑林题词，并号召首都的权威学者来临参加这一活动。他连连称赞这一活动是“功德无量，利在千秋”的大事。在他的支持和鼓励下，诗友们不避寒暑，跑遍全国征集名人书法作品1000多篇。除因经费不足未建成碑林外，两本图书顺利出版发行，颇受好评。当时的山东出版总社、《大众日报》等报刊将这两本书评为“进行爱国主义教育的好教材”，曾两次向全省、全国推荐。

诗社建社15周年时，季老虽然身体欠佳，仍然高兴地为诗刊题词以资鼓励。他写道：“临清自古为齐鲁文化古都，流风余韵至今未息，清渊诗社诗人群之兴起非偶然也。祝清渊诗社继续前进，取得更辉煌的胜利。”

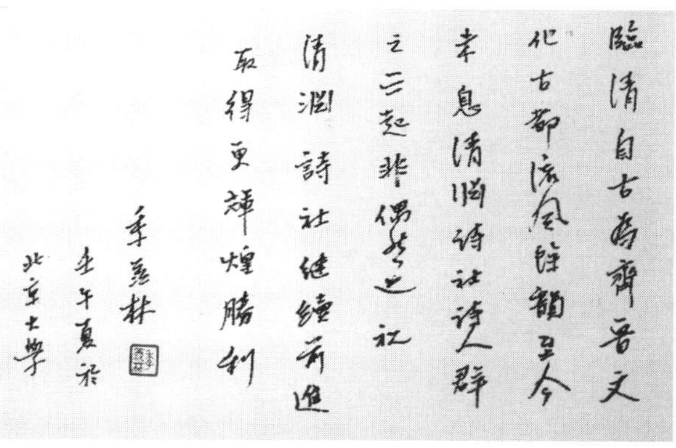

20多年来，临清清渊诗社与全国许多诗社交流诗作，不断往来，与季老、臧克家老、林远老担任名誉社长有很大的关系。老人们为诗社付出了心血，与诗社建立了深厚的友谊。如今，他们相继仙逝了，我们永远怀念他们，他们的精神和教诲永远激励着我们前进。

（作者曾任临清市委副书记、市政协主席、清渊诗社社长）

大师的赤诚情怀

——我所见到的季老

蒋保江

我来临清市工作25年了，其间曾先后任中共临清市委副书记、临清市政协主席。由于工作的关系，有幸和季老有过多次交往，其中三次零距离接触。他给我留下的深刻而美好的印象可概括为四句话：常人的外表、长者的风范、学者的大脑、大师的胸怀。尤其是季老爱祖国、爱家乡、爱人才的赤诚情怀，深深地感染着我、激励着我，铭刻心田，至今不忘。

（一）

我第一次见到季老是在1999年9月临清捐书仪式上。那年聊城大学建校25周年，9月26日季老从北京赶回聊城参加校庆活动，并为家乡带来一份厚重的礼物——由他主编的三套《传世藏书》。《传世藏书》是一套囊括中国从先秦到晚清历代重要典籍的大型丛书，精选有深远历史影响的名著1000余种，每套价值7万元。季老分别将这三套书捐赠给山东大学、当时的聊城师范学院和临清季羡林先生资料馆。

1999年9月27日，季老回到临清，向当时的季羡林先生资料馆捐书；当日下午3点，临清市委隆重举行了捐书仪式。在那个仪式上，作为市委副书记的我，第一次见到了季老。之前，在我的想象中，季老应该是一位身材魁伟、其貌不凡的人。但见到眼前这位身材瘦高、精神矍铄、慈眉白发的季老后，我感到很惊讶，对这位出生于家乡、名扬海内外的国宝级长者更加敬重了。

在捐书仪式最后，季老讲了话。他的声调不高，慢言细语，亲切朴实，入情入理。在讲话中，季老谈到对青少年的希望时，有一个“反问句”让我振聋发聩，记忆犹新：“一个连家乡都不爱的人，怎么会真正爱国呢？”这句话多么平凡而深刻啊！我觉得，季老的话既朴实又有哲理，符合辩证关系，极具说服力。

爱家乡和爱国是一致的。纵观季老一生，这种朴实而伟大的情感无时无刻不与他紧密相连。当年他留学德国获得博士学位后，不贪恋外国名牌大学优厚的待遇，谢绝恩师的挽留，毅然回到“一穷二白”的祖国，为人民做出了卓越的贡献，这是多么伟大的爱国情怀啊！如今他捐书是对家乡寄予了厚望，多么希望家乡有更多的年轻人学有所成、报效祖国！后来，为了使农村更多的穷苦孩子能上好学，季老又拿出 25 万元通过团中央捐给家乡，建起了一处希望小学。季老逝世后，遵照他的遗愿把骨灰安葬在临清老家康庄镇大官庄村憩园。这足以表明，季老是爱祖国、爱家乡的楷模，他把一生都献给了祖国和家乡，他的家国情怀、崇高精神永远铭刻在我们心中。

（二）

我第二次见到季老是 2001 年 5 月筹备季老九十寿辰时。人生九十是高寿、大日子，临清家乡人民非常希望季老能回老家过生日。5 月 30 日，受临清市委、市政府委托，时任临清市政协主席的我，带队去北京拜访季老，与季老商定在临清为其举办九十寿辰庆典事宜。

季老住在北大朗润园，楼很普通，不新。季老住一楼，有两个小单元，每个小单元五六十平方米；室内陈设简单、陈旧，客厅和卧室里到处排满了书。那天上午在季老家里，除了商量九十寿辰庆典事宜，季老还和临清一行八人分别照了集体照和分组照。其间，季老的秘书李玉洁怕他老人家身体和眼睛吃不消，建议停止照相，但季老仍坚持和家乡人把相照完。在季老家里待了两个多小时，快到中午了，季老非要留我们吃午饭，我们怕打搅季老休息真诚地谢绝了，依依不舍地告辞。季老坚持送大家出门，和每个人一一握了手，最后目送我们走了很远才返身回屋。我们深为季老的乡情厚谊所感动。

季老住所旁有个小湖，湖水清碧，荷叶鲜嫩；听说湖中荷花是季老从老

家带来了藕，亲手种下的，被人称为"季荷"，在北大颇有些名气。我们特意在湖边停下来，仔细欣赏了一会儿。这时，我突然心中猜想：季老往常会在什么时候、湖边的哪个位置找寻灵感、构思鸿篇巨制呢？是在夏日的清爽早晨驻足湖边，还是在秋天霞光染金的静谧傍晚端坐在石凳上……

季老仙逝后，故乡人民在康庄镇大官庄村建了季羡林憩园，里面也有个荷花池塘。季老一生喜欢出淤泥而不染的荷花，北大朗润园里的"季荷"曾伴他度过了无数美好的时光。如今，家乡人民在他的憩园内留一方清塘荷韵，希望香远益清的荷花永远陪伴在季老身边。

（三）

我第三次见到季老是2001年8月庆祝季老九十华诞时。经过多方协商，季老九十寿辰庆典定在了2001年8月4～7日。其间，季老在临清参加活动时，我作为筹备组组长，从接站到庆典活动再到送站，全程陪同。

2001年8月4日上午12时，季老一行乘坐的从北京开来的火车，稳稳地停靠在临清站，老早来接站的临清市领导和群众挤满了站台。我陪市委副书记、市长李吉增同志登上火车。只见季老从普通的卧铺上站起来，笑容满面地和我们握手，坐了4个多小时的火车没有一点儿疲倦的样子。季老的秘书李玉洁说，季老一路上都没有睡觉，还没到临清市界便站起来，聚精会神地望着车窗外茁壮成长的庄稼，高兴地自言自语："今年又是大丰收！"

这天午饭间，谈起商标是季老题字"独占鳌头"的临清酒，李玉洁秘书笑着说："这样侵权，得对临清酒厂罚款！"季老不以为然，毫不动声色地低声说："谁让我是临清人呢？"言外之意大家都很清楚，被季老的故乡深情感动地鼓起掌来。

8月5日上午的回乡扫墓活动，令所有在场的人动容。在康庄镇大官庄村，面对上千名诚心陪着的干部与群众，年已九旬的季老跪倒在父母的坟墓前。季老对母亲有着深厚的感情，他6岁时就离开父母，到济南投靠叔父读书，后来极少见到母亲。长大后，他时常在夜里梦到母亲，哭着醒来，在泪光里幻出母亲迷离的身影。等回到北京后，季老写了一篇长达2.4万字的文章《故乡行》，里面写道："娘啊，这恐怕是你儿子今生最后一次来给您扫墓了，将来我要睡在您的身旁！”

8 月 6 日庆典活动当天，季老即席讲话，思路清晰，逻辑性强。他从沿途火车上的见闻讲起，谈年龄、人生、交往、教育和希望，和言细语，娓娓道来。我专注地听着，生怕遗漏了哪句话。最后，季老重点讲了“忠诚”，掷地有声：“中华民族、中华文化的基础是忠诚。……我们要提倡忠诚，忠诚我们的祖国，忠诚我们的山东，忠诚我们的聊城，忠诚我们的临清。每个人相互忠诚，把自己的力量献给我们的国家、我们的人民。”“我希望我们今天的小朋友，中国的大学生、中学生甚至在座的各位领导，大家同心协力，乘现在改革开放的东风，把我们国家建设得越来越好，把我们‘忠诚’的道德核心发扬光大……”听着这铿锵有力的话语，季老那爱祖国、爱家乡、爱人才的赤诚情怀表露无遗。我仿佛觉得季老的形象越来越高大，像泰山之巅傲然屹立的苍松！

8 月 7 日是季老回京的日子，看他那神情定是心里很纠结：一边是家乡领导、亲朋好友的再三挽留；一边是北京早就定好的任务，只好如约回去。上午 10 时，送行的人流比接站时还多，我和市里的领导一直把季老送到车厢里。季老依依不舍地和大家一一握手话别，我盯着季老慈祥微笑的脸庞，没想到这竟是诀别……

（四）

除了三次和季老直接见面外，我与季老也有过几次间接交往。1998 年 1 月 30 日，农历正月初三，前去北京给季老拜年的季孟祥（季老曾孙、时任临清市委宣传部副部长）在谈话中提到了我。在了解到我通过个人的勤奋努力，从农村的一个普通孩子成长为一名县级干部后，季老挥笔为我题写了“自强不息，厚德载物”八个字，作为对一名家乡干部的勉励。当季孟祥把季老的题词送给我时，我激动的心怦怦跳起来，瞪大双眼凝视着季老特有的秀丽笔迹，连声说“谢谢季老！”后来才知道，这幅季老赠给我的题词，是清华大学的校训。我心里更加感动了，觉得这是季老对我最大的褒扬和鼓励，精心装裱后挂在家中最醒目的位置。季老虽已故去，但他的题词一直鼓舞着我，永远是我努力的方向和继续前进的动力。

季老毕生从事教育，至年老仍笔耕不辍。后来多年，我还数次收到季老的签名赠书，包括《牛棚杂忆》《三真之境》《新纪元文存》等。我深深感到，这是季老对家乡干部最大的关心、爱护和培养。每次收到季老的签名赠书，我都爱不释手，马上阅读起来，细细品味着书中的文字，就像真的见到亲切温和、朴实谦逊、博学多才的季老一样，从中更深切地感受到季老爱祖国、爱家乡、爱人才的赤诚情怀。

2019 年 4 月 3 日于临清

（作者系临清市政协原主席）

忘年之交

马景瑞

我和季老是一个村的，但比季老小29岁。从年龄、人生阅历，特别是道德文章上说，我和季老之间都隔着长长的距离。也许是由于老乡的缘故吧，我却有幸亲近了这位名满天下的大学者。更让我想不到的，随着相识相知的不断加深，季老会成为给我诸多关怀、帮助并使我获益匪浅的师长和忘年之交。我和季老之间的友情，如果从1956年第一次通信算起，已有45个年头了。

其实，早在通信之前，我对季老心仪已久。还是刚刚上小学的时候，村里的老人就常对我说起季老："咱村季羡林，小时家里很穷，后来到济南跟他九叔上学，很用功，考上了清华大学，还到国外留过'洋'哩。你也要好好念书啊！"当时村里连个中学生都没有，一听说在外边有一个清华大学毕业生，后来还成了"留洋生"，心里肃然起敬，十分仰慕。可打听"季羡林现在在什么地方"，都说"闹不清楚，只在他母亲死时见过一面，高高的个子，白白净净，说话很文静"。从此，我脑海里就不断涌现出季羡林的形象。

我家的田地都在村南边，下地干活时，季老的故居是必经之地。每次路过季老故居，我总是情不自禁地停下脚步，看上几眼。看上几眼，我心里就油然产生一种崇敬之情，念书的劲头也就更大了。

1956年，我念初中二年级时，有一天在学校阅览室里读报刊，从一本《中国青年》月刊上，惊喜地发现一篇署名"北京大学东语系主任季羡林"的文章《大学的青春》。我猜想，这一定是我们村那个"留洋"回来的季羡林，便按捺不住激动的心情给先生写了一封信。当时信里写了些什么内容，我现在已经记不清楚了，只记得发出信以后的几天里，自己总是惴惴不安，担心一个

“北京大学东语系主任”,不会给一个初中学生贸然写的信回复。谁知先生在很短的时间就给我回了信,心中那一份欣喜真是不可名状。现在我设想:如果当时先生不给我回信,也许我就没有勇气再给他写第二封信了,当然以后的若干次通信也就不会有了。

1956～1966年十年间,我给先生写了多少封信,记不准确了,总共有七八封吧,只记得先生几乎是每信必复,这是使我非常感动、非常感激的,内心深处更加敬重先生了。可惜这期间先生给我的来信,现在我都找不见了。当时,我家在农村,家里又穷,连一张带抽屉的书桌都没有;妻子又不认字,我仅有的几本书和先生的来信都不知去向了。现在想来,懊悔莫及!但有封信,我至今记忆犹新。那是60年代初期,我写信告诉先生,我和村里的另外3个同学都考上了大学。先生很快回了信。他在信中说,在他念书的那个年代,他是我们村唯一的大学生。现在村里出了4位大学生,他感到很高兴。他希望我们抓住这个机会,刻苦学习,将来为祖国、为人民多做些有益的工作。在这封来信中,先生还让我“代问严薇青先生好”。当时严薇青先生是我就读的山东师院中文系主任。我把先生的信给严先生看,他很高兴,对我说:“季先生是大学问家,是咱山东的骄傲。”“文化大革命”十年浩劫中,我没有给先生写过一封信,其原因,当然并不是怕自己“引火烧身”,而是因为那时节我还是一个在校大学生,算是“革命小将”;我担心的是,写信会给先生带来不必要的麻烦,因为我虽然不清楚当时先生遭受了像他在《牛棚杂忆》中记述的那么深重的磨难,但却知道一个老知识分子在那个年代肯定是“在劫难逃”的,起码也要挨“革命小将”的“大批判”。我保存的季老的信最早的一封是他1974年元旦写来的,最晚的一封是1998年4月写给我的,数一数,已有17封之多了。

1973年8月,季老第一次回故乡时,问村里的干部:“咱村里有一名叫马景瑞的,现在在哪里工作?他是咱村和我通信的第一人。”村里的干部派人把我叫回家。第一次见到季老,我很激动,也很拘谨,原来在回村的路上想好的要对季老说的一肚子的话、要向季老请教的一连串的问题,竟不知从何说起。季老让我坐在他的身旁,主动问起我的工作、学习情况,还问我有什么业余爱好。季老亲切的谈话、随和的举止,让我这个无名小卒觉得同他的距离大大地缩小了。以后,季老每次回故乡来,我都陪侍左右,并写了5篇短文专门记述。从1987年秋天到2001年春天,我还经常到北大去拜见季老，少则一年一次，多则一年三次。有的是因临清公事求助季老；有的是专门去给季老祝寿；还有的是出差到北京，抽时间去看望季老。每次见面，季老或向我打听一些家乡的事情，或谈论一些自己的往事，或回答一些我请教的问题，我聆听左右，如沐春风，潜移默化，获益颇多。

季老对我是非常关心的。当我还在临清一中教书的时候，季老经常应我的请求寄来一些书籍和北大学报。当我面对工作变动感到困惑时，季老总是语重心长，循循善诱，给我多方面的指教。当我转入临清人大工作时，季老又再三勉励我："现在工作清闲了，要静下心来，看点书，写点东西。"季老知道我爱读他写的散文，每当有新的著作问世，他总要题赠给我一本。到今天，我珍藏的季老的著作已近20本了。季老还经常向到北大看望他的临清人打听我的工作和学习情况。2001年4月1日，我到北大去看望季老，一见面，他就说："听说你的毛笔字练得不错了。"一句普普通通的话，却使我深受感动。在场的李玉洁女士对我说："马先生有一年时间没来了吧？前几天，季先生还念叨你哩。"我听了，眼泪止不住地流了下来，心里想：像我这样一个平庸之辈，何以值得季老这样关怀备至呢？

季老对我是信任的。1976年10月3日季老来信告诉我，他想为故乡官庄建立一个有几千册书籍的图书室，还想在卫生医药方面出点力，最后问我："这种想法是不是不切实际？如果你认为还切合实际的话，应如何进行？都请你告诉我。我觉得，我对你是了解的，因此我才这样做。"后来季老本家与邻居因建房占地发生了一点纠纷，季老在1986年9月9日的来信中，首先告诉我解决纠纷应掌握的几条原则，然后说："你是一个正派人，为了我们的团结和睦，希望你能发表一点公正的意见。"1992年，季老为故乡官庄小学争取到德国友人的一笔捐助，他在8月10日给我的信中说："我希望能在你的过问和监督下，由支书和小学校长具体考虑，此钱究竟用在何处？"面对季老的信任，我不敢有丝毫的懈怠和疏忽，唯恐辜负了他的重托。

如果我在德高望重的季老面前自称是"朋友"，在别人看来，也许未免有点不自量力，可季老却一直把我当作他的朋友看待。从我诚惶诚恐地给季老写第一封信，到季老对我的去信每封必复，再到季老主动给我写信，委托我过问一些事情；从我第一次与季老见面的拘束，到比较放松地与之畅谈，再到季老挂念我、经常打听我的情况；从季老写信和题赠著作时对我的称谓由"景瑞同志""景瑞"到"景瑞兄"，再到"景瑞弟""景瑞老弟"的变化中，我深

深感到，季老没有半点大学者的架子，更不讲什么论资排辈，他是真心真意地把我当作他的朋友对待了。1992 年 5 月，我到北大去看望季老，季老微笑着对我说：“景瑞，咱俩可以说是忘年之交了。”

季老在国内、国外结交了许许多多的朋友，我作为一名小老乡，也有幸成了其中的一员，这是我时常引以为豪的一件幸事。在感到自豪的同时、我思想上也有了一种无形的动力和压力。多年来，我不敢忘记自己是季老的老乡和朋友。工作中，虽然碌碌无大作为，但自觉是尽心尽力、尽职尽责的，而且时常自警自省，生怕有什么过错，影响季老的声誉。

2001 年 4 月 5 日

（作者曾任临清市副市长、市人大常委会副主任）

季老与清渊诗社

马景瑞

临清市在历史上一度称为“清渊县”。1987 年 11 月，爱好诗词歌赋的离退休老同志和几位中年同志，发起成立了清渊诗社，推举离休老干部胡雷同志为社长，同时聘请临清籍的学界泰斗季羡林先生和曾在临清省立十一中学教过几年书的著名诗人臧克家先生为名誉社长。15 年来，季老在繁忙的学术研究之余，给予诗社多方面的支持和指导，成为临清文人墨客津津乐道的佳话。

要说季老和清渊诗社的关系，不能不首先说一说他和诗社社长胡雷同志的友情。1982 年 9 月中旬，他应约在聊城师院讲学之后，回到家乡临清县（当时还没有改市）。当时分管文教卫生工作的县委副书记胡雷同志出面热情接待。胡雷同志青年时期曾当过新华社记者，后来从政后多年抓文教工作，对诗词画特别喜爱，对有真才实学的文人学者由衷钦佩，当然对季老更是相见恨晚。在季老回家乡活动的两天内，他陪侍左右，介绍临清的历史沿革、名胜古迹和经济文化发展现状，给季老留下了一个好的印象。1985 年秋天，胡雷同志带领临清部分书画家到北京市海淀区，和那里的书画家举办书画联展。他特地赶到北京大学拜见并邀请季老参加书画联展开幕式。季老愉快地接受了邀请，坐公共汽车赶到联展之地，仔细观看了临清书画家的作品，高兴地对胡雷同志说：“应当请新闻单位来看一看，搞好宣传，让临清运河文化重放光彩。”他觉得这一活动意义非比寻常。事过七年之后，在为《清渊诗词》写的《序》中他又说：“临清自古为鲁西北文化经济重镇，流风余韵，辉耀齐鲁。可惜时移世变，津浦铁路一修成，大运河又部分断了流，这对临清经济和文化的发展，当然产生了剧烈的消极的影响。在经济方面，大有一

蹶不振之势。但是,文化命脉却从未中断。在比较艰苦的条件下,能诗善书画之士接踵兴起,各领风骚。我市曾与北京大学在北京海淀举行书画联展,一时誉满京西,成为艺坛佳话。这在山东全省也是难能可贵的。"季老对书画联展评价这么高,对组织操办这一活动的胡雷同志自然有了进一步的好感。

1987年11月,清渊诗社成立时,应胡雷同志之请求,季老不仅高兴地答应担任名誉社长,并且对如何办好诗社还提出了很多具体的意见。他说:"成立诗社,是一件好事情,对当地文化、经济的发展都有好处,能提高临清的知名度。明代谢榛就在临清办过诗社,一定要很好地爱护它。"这使诗社成员深受鼓舞和感动。胡雷同志最近向我介绍这一情况时,还充满感情地说:"一些全国性的学术团体聘请季老担任名誉职务他也不一定同意,但家乡成立诗社,给他一说,便满口答应下来。可见,他对家乡的感情有多深!"

1991年8月,是张自忠将军百岁诞辰。受市委、市政府和市政协的委托,胡雷同志带领诗社成员,向全国著名诗人、学者、书画家征集纪念张自忠将军百岁诞辰的诗词和题词墨宝。季老给予清渊诗社很大支持,不仅自己题词,还亲自向赵朴初先生、启功先生、臧克家先生、欧阳中石先生等名家打招呼,征得了他们非常难得的题词。最后,共征集到海内外名家墨宝和诗词名篇近2000件、刻碑50方,出版诗集《碧血祭》和《自忠碑林书法选》两本书,受到广泛赞誉。季老看了诗集《碧血祭》之后,高兴地说:"诗以传人,人以诗传,珠联璧合,交相辉映,此诗册已将不朽矣。"1991年9月23日,季老在聊城参加"傅斯年学术研讨会"之后,与20余位专家学者一同来到临清参观名胜古迹,看到摆放在鳌头矶院中的50方刻碑,他跷着大拇指向胡雷同志和在场的专家、学者说:"能征集到这么多名人的题词,真是功德无量!"

季老和胡雷同志从1982年9月相识,其间经过举办书画联展、成立清渊诗社、开展征集张自忠将军百岁诞辰纪念题词等,二人逐步相知,友情与日俱增。1992年11月26日,季老在为《清渊诗选》写的《序》中,对胡雷同志作了很高的评价,他说:

> 一些有识之士,在离退休之后,不甘饱食终日,而是老骥伏枥,志在千里,奔走呼号,惨淡经营,终于组成了清渊诗社、枣花书画社等文学艺术团体。即以清渊诗社而论。创建以后,于今五载。以文会友,大扇诗风,成为临清文坛上一重要组织。如果要评功摆好,胡雷同志之功,决

不可泯。他宝刀不老，壮心不已，踔厉风发，所向无前，创诗社，建碑林，为我们临清市增添了光辉。

季老的这一段话，既是对胡雷同志个人的评价，也是对临清清渊诗社全体成员的赞誉，更是对诗社工作的充分肯定！

截止到今天，诗社成立近15年来，他几乎对诗社编辑出版的每册诗词选集都仔细过目；每次回临清，都热情听取诗社工作的汇报；诗社委派的同志到北大汇报或提出一些难以解决的问题，他总是热诚接待并想方设法帮助解决困难。更让诗社全体成员感到骄傲的是，在诗社成立5周年和10周年出版的两册《清渊诗选》上，季老分别为之写了《序》和题了词。在《序》的开头，他深情地说："清渊诗社成立五周年了。对诗社本身来说，这当然值得庆祝。对临清市来说，我认为，也是值得庆祝的。"为什么这么说呢？请看他在这篇《序》中写的另外两段话：

现在我国正努力振兴经济，初步成果，光照寰宇。但窃以为对文化事业似有所忽视。综观全球，远之如日本之所谓明治维新，近之知亚洲之几小龙，经济腾飞，无不文化经济并举。纯靠科技兴国者，未之闻也。

现在我们临清市，既抓经济，又抓文化。民间组织如清渊诗社等等，从旁鼓吹，真如锦上添花。现在社会上流行着两句话："文化搭台，经济唱戏。"其意似有所针砭。我看，我们临清的情况则是，文化和经济同时搭台，文化和经济同时唱戏，这是一条阳光大道。有朝一日，我们必能文化经济双丰收，这是完全可以预卜的。

在这里，季老从世界上一些国家和地区的成功经验来论证"既抓经济，又抓文化"的极端重要性来说明诗社的发展壮大是值得临清庆贺的，令人十分信服。这一论述，使清渊诗社全体成员乃至全市干部群众都受到极大的鼓舞！这一论述，使对"文化事业似有所忽视"的一些地方的掌权者一定会清醒起来。这一论述，也使我进一步理解了季老对家乡的一个县级诗社这么关注、支持的良苦用心了。

1997年11月，诗社成立10周年。十年来，诗社共创作诗词近5000首，出版选集7册，编辑活页4期，展出诗廊22期，被省内外报刊采用多首。十年来，诗社为"两个文明"建设服务，为离退休老人提供了一个促膝谈心、互相唱和的活动场所，也与省内外、国内外的多家诗社加强了联系，提高了临清的知名度。季老了解到这一些骄人的成绩，欣然为诗社题词："欲穷千里

目，更上一层楼。祝清渊诗社成立十周年。”他在殷切期望着清渊诗社有更大的发展，取得更大的成绩。

清渊诗社果然没有辜负季老的期望，自1997年至今，诗人群体进一步扩大，诗词创作数量明显增多，诗词质量也有了长足的进步。春末夏初，胡雷同志代表诗社专程到北京向季老作了汇报。季老很高兴，又为诗社成立15周年题了词。6月15日，我和另外两位同志受市委主要领导同志的委派，到北京大学看望季老的时候，助手李玉洁女士让我把题词转交给胡雷同志。我当场展开，先读为快：

临清自古为齐鲁文化古都，流风余韵至今未息，清渊诗社诗人群之兴起非偶然也，祝清渊诗社继续前进，取得更辉煌胜利！

季羡林

壬午夏于北京大学

品味着季老深情祝贺的话语，欣赏着季老充满书卷气的秀丽书法，我的心情久久不能平静。回想诗社成立15年来，季老给予的大力支持和精心指导以及为此而付出的大量心血，谁能不为之感动呢？

季老与临清宝塔

马景瑞

1997年8月,经过山东省和国家专家组的联合评审验收,临清人民盼望已久的舍利宝塔的修复工作终于完成了。看到宝塔重新以崭新的姿态矗立于临清大地上,我立刻就想起季老为修塔所做的工作,所付出的心血。

建于明代中期的临清舍利宝塔,位于临清市区西北部的卫运河畔,塔高61米,九级八面,为砖木结构楼阁式建筑,通体近乎垂直,盔形顶,整个建筑淳厚大方,巍峨壮观,是京杭大运河上四大名塔之一,为山东省重点文物保护单位。由于年久失修,出现了塔体倾斜、局部开裂等险情,塔外各层檐口也残损严重,塔内楼层全部坍毁,已无法往上登攀。面对这种情景,临清人民忧心如焚,多次要求市政府拨款维修。但是,市里财政拮据,按时发放工资尚有困难,哪还有能力拿出一二百万元钱来修复佛塔呢?

1991年9月23日,季老同全国各地的专家学者一行20余人,在聊城参加"傅斯年学术研讨会"之后,又来到临清参观名胜古迹。市委、市政府委托我出面接待。当时我正任分管文教工作的副市长,对临清古塔的维修,也曾多方面争取过,但一直没有成功。在陪同专家学者参观临清舍利宝塔时,我突然想到:如果季老出面说话,国家文物局能否破例拨款修塔呢?我知道这件事做起来很难,因为临清宝塔是省级文物保护单位,不在国家文物局的直接管辖范围。最后,我抱着试一试的态度,把自己的想法向季老提了出来。季老当时想了一想,对我说:"要办这件事,你们先要准备好材料,比如目前塔的毁坏情况、要修复需要的资金等。材料准备好了,先给我送去。"当时我十分高兴,我知道季老是答应帮助说话了。

送走季老和各地专家学者之后,我立即向市委、市政府主要领导同志作

了汇报。他们认为这是一个难得的机遇，要我责成市文化局抓紧准备有关材料。1991年10月下旬，我和市文化局的同志到北京大学给季老送材料。见了面，季老告诉我，他回北京以后，立即给胡乔木同志写了一封信，并微笑着复述了信的内容："我这次回故乡临清，当地的党政领导向我提出临清舍利宝塔的修复事宜。我是一介书生，两袖清风，心有余而力不足，没有办法，只好求您帮忙说话了。"听了季老的一番话，我深受感动。我知道，季老一生从来"不愿意麻烦人"，更"不善于求人"，但为了保护家乡的文物古迹，为了满足家乡人民的要求，这一次竟破了例！

1992年1月15日，季老写信给我，并附有国家文物局给胡乔木同志答复的复印件。季老在信中说："国家文物局已有答复给我和胡乔木同志，现复印转上。因为你们给国家文物局的报告已转去，他们可能也已给你们同样的答复，看来问题已经不大了。关键在省文物局，不知你们认识不认识那里的人，如有熟人，则可以拿着文物局给乔木的信去催问一下。一旦经费有了着落，我可以在北京请专家来临清，察看佛塔。我的女婿是中央建工部的建筑基础专家，佛塔倾斜，正是他的本行，我可以让他去看一看，定出施工方案。我很高兴，你们为桑梓之邦保护文物的热心总算有了一点结果，正如你告诉我的，你们能办成此事，也可以说是在你们任内可以无愧于心了。"

国家文物局给胡乔木同志答复的全文是：

乔木同志：

九月三十日您给张德勤同志信中所示临清明代古塔维修问题，我局进行了认真研究，经查，此塔现为省级文物保护单位，目前出现了塔体倾斜、局部开裂等险情，对此我们已经责成山东省文物局负责勘察测绘，尽快制定出维修方案，经专家审定后，我局将与省文物局协同落实经费问题。

我们已把处理意见写信告季羡林先生。

感谢您对文物保护工作的关心和支持。祝您身体健康。恭祝安好！

一九九一年十一月三十日（国家文物局印）

从国家文物局给胡乔木同志的答复信中，我看到了修复临清宝塔的希望；从季老的来信中，我仿佛触摸到老人家为保护家乡文物殚精竭虑的火热的心肠。季老以80岁的高龄，放下手中千头万绪的学术研究工作，为家乡的事情操心费力，出谋划策，谁能不为之感动呢？

距上一封信仅仅九天，季老又给我写来一封信。信中说："前上一函，并附国家文物局致胡乔木同志的信，想已收到，不知结果如何？"可见季老时刻在牵挂着家乡修塔之事。不久，国家文物局派罗哲文、郑孝燮、傅连兴等著名专家来临清实地考察宝塔，并随后由国家文物局邀请天津大学古建筑研究所的技术人员来临清具体测绘，搞维修方案。我把这一情况写信告诉了季老。1992 年 10 月 14 日季老给我来信，又谈到修塔之事："修复舍利宝塔，总算迈出了第一步，可喜可贺。但是在中国办成一件事并不容易，这你我都有经验。不幸胡乔木同志患癌症逝世，这对我们不利。待将来提出预算后，如遇到困难，我还可以想别的办法，找别的有力的人出来说话。"从这一段话中可以看到，季老一则为修塔的进展而高兴，一则表示了愿为完成修塔任务再次破例"求人"的心情。季老对家乡人民的深情厚谊，由此可见一斑。

1993 年，国家文物局破例拨来 40 万元修塔专款，临清市政府也紧缩开支，先后拿出 50 万元。临清宝塔的修复工作正式开始了。临清人民看到高高矗立的修塔脚手架，欣喜若狂，纷纷表示愿为修塔捐款。在这种情况下，市里组织了一次修塔捐款活动，共募集捐款近 30 万元。后来省文物局又拨款 18 万元。按照预算方案，修塔经费彻底解决了，所以没有再去麻烦季老"求人"。但是临清人民心里明白，如果不是季老破例"请"胡乔木同志帮忙说话，国家文物局也不可能破例拨款；而如果没有国家文物局的专款先到位，其他资金也不可能筹集到手。因此，可以毫不夸张地说，季老为临清舍利宝塔的修复立了关键性的一功，立了大功！

2001 年 4 月 12 日

季老为《临清市志》写序

马景瑞

1991年初冬，《临清市志》初稿基本完成。经研究，决定让我和市志办公室的二位同志到北京请季老为《临清市志》写序。这一年的12月6日，我们到北京大学拜见了季老。我汇报了《临清市志》编纂的进展情况后，请季老为《临清市志》写一篇序言。季老愉快地答应下来，并说："为家乡地方志写序，我是义不容辞。"

1992年2月24日，季老将写好的《序》寄来，并给我附信一封。信中说："现在遵嘱将《临清市志》的序写好，今寄上，请法眼鉴定。倘有不妥之处，你尽可以改动，不必再书函往返，征求我的意见。"我捧读这篇将近4000字的序言，其感人肺腑的激情和扣人心弦的文笔立刻吸引了我。细细品味，更觉得行文洋洋洒洒，似行云流水；论说浑然一体，天衣无缝；表达思想，抒发感情又是那么真挚、平易、亲切，真不愧是大手笔。季老在这篇序中，从弘扬中华文化、进行爱国爱乡教育、推动经济建设等方面令人信服地说明了编纂地方志是"一个很有意义的好事"，又从回顾1000多年来的临清兴衰历史，分析临清面临的机遇和具备的有利条件，满怀信心地作出判断："当年极盛时期的情景，不但得以重现，而且还将大大地超过。"这是一个80多岁的老人从心底里发出的对家乡人民的希望和鼓励啊！特别令人感动的是《序》的最后几句话："我虽已老迈驽钝，'肯将衰朽惜残年'。我还有信心看到我上面所谈的那样的日子的到来，看到梦想成为现实。我愿追随诸君子之后，竭尽绵薄，为自己的桑梓之邑作最后的冲刺。"季老热爱家乡的一颗赤诚之心跃然纸上。这样饱含激情的优美文字，不要说像我这样一个无知小辈只有击节称赏的份儿，就是在全国颇有些名望的专家学者，恐怕也难"改动"一字。

季老信中所说“倘有不妥之处，你尽可以改动”的话，使我进一步感受到他那谦虚为人的高风亮节。

但是，季老要“改动”自己所写的《序》了。1992年3月5日，季老给我寄来下面这封信：

景瑞：

前函谅达。

听了领导讲话的传达，我忽然想到，我的那篇《序》中应加上经济建设，虽然我在《序》中已经讲到经济，但不够突出，所以想加上几句话。

第四页：第八、九行之间加入一段话：“第三，为了当前的经济建设，我们也必须摸清本地区有关这方面的家底，而编纂地方志正是达到这个目的的最好的办法。”

第九行的“二大原因”改为“三大原因”。

第七页：第十五行“爱乡的教育”下加一句“大大地有利于进行经济建设”。

祝

康吉

季羡林

1992年3月5日

从这一封信可以看出，季老在听了邓小平同志的南方谈话之后，意识到全国会有一个新的经济建设高潮的到来，因此有必要在自己的《序》中把经济建设加以“突出”、给以强调，使之更符合时代的节拍。季老在耄耋之年，思想还这样紧跟时代步伐，与时俱进，文字还这样精益求精，真是难能可贵啊！

1997年8月，《临清市志》正式出版了。这是建国后临清第一次修志。建国之前，临清历史上曾先后修志5次，而为五本志写序的多达13人。我认为，不论从写序者个人的修养和名望来说，还是从序文本身的思想境界和文字水平来看，都是无法和季老及其序文相匹敌的。毫无疑问，《临清市志》有了季老的这一篇《序》，便增添了耀眼的光彩，在人们心目中的分量也大大地加重了。

2001年4月9日

季老的乡情

马景瑞

季羡林先生自从6岁离开家乡之后，一直在国内外的大中城市里读书、工作、生活，他曾游历过祖国大江南北的诸多名山秀水，也曾飞抵世界上30多个国家，游览过那里的旖旎风光，心中难以割舍的始终是自己的故乡小村。斗转星移，日月更替，他对故乡的感情越来越深，越来越浓，越来越强烈。

季老经常想念故乡，牵挂父老乡亲。有据可查的是，在他6卷、180万字的散文集中，写到故乡的文字就有20余万字，其故乡情思概可想见了。在日记中，在与乡友的通信中，他的思乡之情表达得更是淋漓尽致。他在《清华园日记》中写道："总想到回清平"（我们官庄原属清平县，后划归临清市），到德国留学后，他更是想家，"有时想得不能忍耐"（见《留德十年》）。1964年2月23日，他给正在上大学的小老乡郝连荣写信说："寒假间，你大概回家了吧。我想到你回家，就想到那个一别近三十年的故乡，连夜做故乡的梦。我是多么想看到它呀！"1995年3月4日，在写给小学校长马泽镜的信中又说："我虽然六岁离家，但是我一生漂泊四海，从未忘掉生我之地的官庄，我对官庄怀有极深的感情。"季老这种对故乡的极深的感情还表现在他忘不掉经常偷偷给他半个白面馒头的大奶奶，忘不掉常在一块玩耍的小伙伴杨狗和哑巴小，忘不掉带他拾麦子的宁大婶、宁大姑，忘不掉教他认了几个字的启蒙老师马景恭……当然更忘不掉埋在故乡黄土里的苦命的母亲！这些亲人经常出现在他的梦中和他的散文中。他牵挂父老乡亲的命运曾说："一想到自己的家乡的穷困，一想到中国农民之多、之穷，我就忧从中来，想不出什么办法，让他们很快地富裕起来。我为此不知经历了多少不眠之夜。"（见《还乡十记》）1975年1月19日，他写信告诉我："我们家乡收成又不好，颇为忧心。”季老远在北京，却经常打听家乡的年景，天天看天气预报，看见天旱就忧心如焚，听见下雨便心旷神怡。他把自己的忧乐系于父老乡亲身上。

“月是故乡明。”在季老心目中，那些广阔世界的“大月亮”，万万比不上故乡“苇坑上面和水中的那个小月亮”（见《月是故乡明》）。他为家乡曾有过的辉煌而自豪：“临清自古为鲁西北文化经济重镇，流风余韵，辉耀齐鲁。”（见《清渊诗选・序》）他看到改革开放后的故乡“陡然富了起来”，心中充满了“浓烈的幸福之感”，“觉得自己的家乡从来没有这样可爱过”（见《还乡十记》）。展望故乡的未来，他更是欣喜若狂。2001 年 8 月 9 日，他给家乡领导写信说：“我们临清自然资源和文化底蕴都是非常雄厚的。在各位同志的领导下，我们的前途正如旭日东升是未可限量的。我这个九旬老人也想发‘少年狂’了。”季老喜爱家乡的红枣，认为“家乡的枣最甜”，他还清楚地记得，“每当红枣收获的季节，临时搭建的加工棚总是白烟缭绕，香飘十里”。他偏爱家乡的饭，小米绿豆稀饭、玉米面饼子、大锅饼、牛肉干念念不忘。1982 年 9 月回家乡时，“品尝了同时端上来的六个汤，汤汤滋味不同”，他啧啧称奇，认为“这是在任何地方都没有见到过的”。他对故乡的一棵“五样松”赞叹不已，认为一棵松树上同时长出五种不同的叶子，过去“不但没有见过，而且也没有听说过”（见《还乡十记》）。季老的助手李玉洁女士还告诉我：季先生经常“吹”你们临清的棉花长得如何好、烹调技术如何高、温泉的水如何美……我想，季老津津乐道这一切，正是他爱乡之情的自然流露。

季老尽其所能为故乡出力，做了许多有意义的事情。这些家乡人民难以忘怀的鲜为外界所知的事实是：

1973 年 8 月 7 日上午，季老在一别 40 年的故乡住了五天就要离去的时候，面对列队欢送他的小学师生和父老乡亲，眼含热泪，频频招手致意，无比激动地大声说：“回到北京，我一定给你们寄书来！”他说到做到，短短的几年时间，先后给家乡寄来 2000 余册图书，深受欢迎。1976 年 10 月 3 日他给我写信说：“我设想，在十年以内，为我们庄（小学在内）建立一个有几千册书籍的图书室，再加上其他一些必要的设备（例如电视之类）。人民的文化水平总是会逐步提高，他们的要求也会随着提高，图书室是必不可少的。”

1987 年 11 月，临清爱好诗词歌赋的离、退休老同志发起成立了清渊诗社，要聘请季老担任名誉社长。季老愉快地答应下来，并说成立诗社是一件好事情，对当地文化经济的发展都有好处。十几年来，他多次接见诗社成

员，给予多方面的指导和鼓励，还为《清渊诗选》写序、题词，在临清文人墨客之间传为佳话。

1991年9月，季老致信胡乔木同志："我这次回故乡临清，当地的党政领导向我提出临清舍利宝塔（省级文物保护单位）的修复事宜。我是一介书生，两袖清风，没有办法，只好请你帮忙说话了。"他多次说过，自己一生从来不愿意麻烦人，这次为修复家乡古塔竟破了例。由于季老和胡乔木同志的过问，国家文物局破例拨来40万元专款，使宝塔得以顺利修复。

1992年8月，季老通过自己的一位学生，"几经波折"，为官庄小学争取到一位德国友人1100美元的捐助，改善了学校的办学条件。

1994年，季老获得北大特别贡献奖，奖金2万元。在老伴生病住院已达数月、正急需用钱的情况下，他毅然拿出1万元捐给故乡小学，建立起"官庄村季羡林教育奖励基金"。他给村支书任玉池写信说："我的目的只有一个，那就是尽快提高我们官庄的教育水平，多出几个像样的人才。我是个穷教授，没有多少钱。不过，我以后还会捐钱的。"季老真情关怀故乡人民的炽热情怀，由此可见一斑。

1999年9月，季老将他担任主编的大型图书《传世藏书》123册捐赠给临清，为家乡人民提供了宝贵的精神食粮。多年来，临清一些单位或个人常求季老为之题词、写牌匾等，他自谦地说："我的毛笔字写得难看，从来不是什么书法家，但如果对家乡有利，我也可以献丑。"临清酒厂没有征得季老同意，便把他题写的"独占""鳌头"两幅字赫然印在了两种酒的包装盒上。身边的工作人员向临清提出意见，说："季先生的墨宝不能用来搞商务活动。"季老当场表态："别处不行，家乡行。我的字，家乡怎么用都行。"他对家乡的这种特殊感情，在写《临清市志·序》时表达得更充分、更感人肺腑："我愿追随诸君子之后，竭尽绵薄，为自己的桑梓之邑作最后的冲刺。"

我这个小老乡，与季老交往40余年，深深感受到，老人的乡情浓烈像百年的陈酒、深沉似无边的大海、缠绵如绵绵的秋雨。季老为什么对故乡怀有如此的深情厚谊？他在回临清的一次讲话中说："国家要兴旺的话，我们首先要爱国；爱国必须先爱家乡，先爱我们临清，爱我们聊城，爱山东。"原来他的悠悠故乡情是和他强烈的爱国之情紧密联系在一起的。

（原载马景瑞：《往事琐忆》，山东文艺出版社2007年版，第116～122页）

官庄村季羡林教育奖励基金

马景瑞

1994年，季老获得了北京大学特别贡献奖。在奖金没有领到手、数目也不知是多少的情况下，季老便写信告诉孟祥说，他准备捐给官庄村1万元人民币，用来发展教育事业。这一年的中秋节过后，孟祥便从北京把钱捎了回来。孟祥找到我，说："老爷爷让我和村里商议一下如何使用这些钱。我觉得还是咱俩先商量一个初步方案比较好。"听了孟祥的话，我沉思了很长时间。我知道，季老每月的工资并不高，扣除房租费和水电暖费，再开出保姆的工资，所剩不足500元。如果没有一些稿费贴补家用，生活是非常困难的。而此时季夫人生病住院已达数月，正是急需用钱的时候。在这种情况下，季老拿出1万元人民币捐给家乡；如果家乡再使用不当，就太对不起老人的一片苦心了。怎么办？我忽然想起北京大学设立的"季羡林海外基金"。于是，我对孟祥说："用季老捐给家乡的这1万元，设立'官庄村季羡林教育奖励基金'，利用每年的利息奖励村里考上大中专的学生和教学成绩特别好的教师，你看这个办法行吗？"孟祥说："这个办法不错。我抓紧回村里一趟，征求村干部和小学教师的意见。"

在征得村干部和小学教师的同意后，我和孟祥起草了一个奖励基金"管理办法"，再次去征求村里意见。修改后，正式打印成文。现在，我全文抄录如下：

官庄村季羡林教育奖励基金管理办法

著名学者季羡林先生系官庄村人。多年来，季老十分关心故乡的发展，多次捐书、捐款，支持家乡的教育事业。为使家乡出人才、出优秀

人才，季老今年又捐资一万元人民币。经研究决定设立官庄村季羡林教育奖励基金。

一、奖励对象

（一）官庄籍学生符合下列条款者，均可受到奖励：

1. 高中入学考试时，凡考入康庄中学前5名、临清一中前20名的学生，每人奖励200元；

2. 考入中等专业学校（包括计划内委培生，以下第3、4条均同）的学生，每人奖励200元；

3. 考入大学专科的学生，每人奖励300元；

4. 考上大学本科的学生，每人奖励500元；

5. 考上研究生的学生，每人奖励1000元。

（二）官庄小学在全镇组织的统考中，单科成绩获得全镇前三名的班级，奖励任课教师200元。

二、奖励对象的认定

应受奖励的学生，均需持入学通知书、成绩单及时向奖励基金管理小组申报，经小组审查核实后再行奖励。对教师的奖励，需出具康庄联校的成绩证明书，经审查核实后再行奖励。

三、奖励基金的管理

（一）成立奖励基金管理小组，组长由马景瑞同志担任，任玉池、马泽敏、季孟祥、马洪福等四人为小组成员。管理小组今后将根据情况变化而适当调整。

（二）奖励基金根据情况可存入银行或投资企业，其存取必须有小组成员三人以上同意，方可办理手续。

（三）奖金的兑现为每年的春节。第一次兑现时间为一九九六年春节。

官庄村季羡林教育奖励基金管理小组

一九九四年十一月十日

我们把这个“管理办法”印发了多份，在官庄村广为宣传。很多村民都激动地说：“季羡林这么大年纪了，心里还牵挂着家乡，真不赖！”1995年春节，孟祥到北大陪着季老过年，把这个“管理办法”拿给季老看了，季老很高兴地说:“挺好,这办法挺好。”这一年的12月3日,季老在写给我的信中也说:“小学奖励基金问题,你们的做法实获我心。”同时还说:“你们如果认为有必要,基金数目我还可以再增加。只要我们村的小学教育真能上去,则吾愿足矣。”看到季老这发自肺腑的话语,我的心又一次被震撼了。

为了对季老负责,我们在制订奖励基金“管理办法”的同时,还购置了奖励证书,刻制了管理小组印章,建立了奖励对象签名册。每年春节发放奖金时,管理小组成员都到场,并举行一定的仪式,让获奖对象感受到季老对他们的关爱。我至今还清楚地记得,1996年春节第一次发放奖金时,一位获奖的小学教师激动地哭了。她本人因教学成绩突出获得200元奖金,她的孩子因考上大学本科,获得500元奖金。她说:“这700元解决了我们家的一个大问题,我永远忘不了季老的恩德。”后来听说,这位老师还给季老写了一封感谢信。考上大、中专学校的学生在领取奖金时都表示,能得到著名学者季先生的奖励,是一辈子都会引以为豪的事情,一定刻苦学习,不辜负老人的殷切希望。自设立季老教育奖励基金6年以来,共奖励考上大学本科的学生3名,考上大学专科的学生1名,考上中等专业学校的学生5名,教学成绩突出的小学教师3名,发放奖金总额3200元。实践证明,“官庄村季羡林教育奖励基金”的设立,对于发展家乡的教育事业、对于激励青少年的勤奋学习、对于调动小学教师教书育人的积极性都起到了不可低估的作用,也实现了季老向家乡捐资的初衷!

2001年4月14日

创建“季羡林先生资料馆”

马景瑞

1998年2月，在临清市第十四届人民代表大会第一次会议上，经过认真讨论，全体代表一致同意创建“季羡林先生资料馆”。会后，随即成立了以我为组长的筹建小组，我把这个消息写信告诉了季老。

同年4月14日，季老在写给我的回信中说：

> 临清党政机关决议为我建立资料馆，受之有愧，辞之不恭。只能把这件事当作对我的鼓励和鞭策，更加努力地工作和学习，以报答市领导对我的深情厚谊。
>
> 对你提出的办法，我没有异议。照片和其他资料我都能提供。我藏书中的复本也可以送给资料馆，我手稿(其量极大)的复印件也可以提供。

我把季老的来信拿给市委、市政府主要领导同志和筹建小组的同志们看，都为季老的崇高人格所感动，同时对建好资料馆更有信心了。我们抓紧选址，筹集经费，搜集资料。待有了一些眉目之后，我和筹建小组的两位同志于8月5日赶到北京，一方面给季老祝寿，另一方面汇报筹建资料馆的进展情况，征求季老的意见，也请季老提供资料。季老把保存的不同时期的300余张照片，包括留学德国时与乔冠华同志的合影、出国访问时的留影、参加各种会议时与中央首长的合影、与全国著名专家学者的合影以及他和家人的生活照片，统统拿出来让我们翻拍，又搜集了几十本个人著作。可以看出，季老真是倾全力支持我们的工作啊。当我问及资料馆的馆名由谁题写好时，季老毫不犹豫地说：“请中石先生写。”并让助手李玉洁先生与欧阳中石先生联系。8月8日，我们顺利地拿到了欧阳中石先生题写的馆名字样。

从北京回来后，我们日夜兼程洗印照片、制作图版、赶写说明文字，到10月1日已基本成型。市委、市政府组织了全市各部门的领导同志前来参观，征求改进意见。参观时，不少人表示，过去虽然久闻季老大名，但实际上知之甚少；看了图片介绍，大为惊奇，想不到季老的阅历这么丰富，想不到季老在学术研究上的成果这么卓著，更想不到季老在人们心中的威望这么崇高。也有人对资料馆的不足之处提出了改进意见，主张尽量多充实一些实物资料。为了请雕塑家给季老制作青铜塑像，也为了进一步搜集有关季老的资料，我们又于10月初和年底两次到北京拜见季老。季老动情地对我说："给家乡添麻烦了！"我说："在临清给您建资料馆，是家乡人民共同的心愿，也是家乡人民的光荣，对提高临清的知名度有不可估量的作用。下一步要做的是如何广泛地搜集资料、丰富馆藏。"季老随即说："景瑞，这你不用担心，下一步等我的藏书整理出来，仅复本书，你就得用大车来拉。"季老的助手李玉洁先生把电视台录制的有关季老的录像资料交给我们，让我们回到临清翻录，还把一套刚刚出版的《季羡林文集》送给资料馆。同去的同志都感到不虚此行。

1999年9月27日，季老专程来到临清，向资料馆捐赠他主编的《传世藏书》。上午，季老把资料馆从头至尾仔仔细细地看了一遍，边看边介绍照片上的人物和有关内容，还对几处写错了的解说词进行了纠正。看完之后，季老连声称赞："办得不错，挺好，挺好。"陪同来的李玉洁先生也笑着说："没想到办得这么好。只是实物还少些，这是我的过错，原来我不相信你们能办好，有些资料，我压着没给。"听了季老和李玉洁先生的称赞，在场的市委领导和筹建小组的同志都感到十分高兴，但也清楚地知道，一个县级市创建一位学界泰斗的资料馆，是力不从心的，加之时间仓促，存在的问题一定是不少的。季老的赞许，是在肯定家乡人民的良好愿望，是在肯定筹建小组的辛勤劳动。

下午3点，在资料馆院内举行了季老捐赠大型图书《传世藏书》仪式。捐书仪式共有五项：一是鸣炮、奏乐；二是季老捐书，市委领导接受捐赠；三是少先队员向季老献花，表达家乡人民对季老的敬意；四是季老讲话；五是市委领导讲话。季老讲话时，没有讲稿，甚至连一张纸条也没拿，但讲得很深刻、很有感情。他说："各位领导、父老乡亲，我很激动，我是来自康庄镇官庄村的孩子，在家乡只待了六年，可是我出来后从没忘记我的家乡。首先是

临清，然后是聊城、山东、中国。我一直想尽自己的力量为家乡的父老乡亲做点事情，可是我力量太小。我家乡的各位领导同志对我经常表示关切，给我建了一个资料馆。说老实话我实在是配不上。”说到这里，季老老泪纵横，泣不成声。在场的五六百人都被季老的真情打动了，我也激动地流下了眼泪。我知道，多年来，季老为家乡做了不少的事情，也付出了很多的精力和心血。家乡人民尊敬他，为他建一座资料馆是理所当然的。但是季老爱乡之情太深、太浓，他觉得为家乡做的事情还太少、太小。所以，第一次面对家乡人民讲话，他胸中那汹涌奔腾的感情再也控制不住了。接下来，季老还讲了很多感人肺腑的话，在这里我就不再抄录了。最后，市委领导同志也讲得很好，充分表达了临清人民的共同心声。他说：“季老捐赠《传世藏书》，不仅仅是给我们带来了丰富精神食粮，而且也是交给我们一份沉重的责任、一份殷切的希望，也表现了季老对家乡的一片挚爱之情。”

在创建“季羡林先生资料馆”的过程中，我进一步感受到季老谦虚朴实、平易近人的人格魅力，感受到季老对家乡无限眷恋与挚爱的深厚感情。

2001年4月18日

季老五次回故乡

马景瑞

季老自从6岁(1917年)离开故乡官庄村,直到中华人民共和国成立之前,共回故乡三次。这三次都是为奔丧:一次是大奶奶去世,一次是父亲去世,一次是母亲去世。我这里写的《季老五次回故乡》,不包括上面所说的三次,而是指中华人民共和国成立以后的五次回故乡。这五次回故乡,前两次我和季老见了面,有接触,不了解的情况是事后搜集到的;后三次我都是全程陪同,季老的一言一行我都铭记在心,而很少有人知晓。因此,我觉得我有责任把季老五次回故乡的情景记录下来。尽管我的文笔笨拙,文法欠缺,但我记述的季老的一言一行都是绝对真实的。有志研究季老的诸君子,如能从中发现一些新的资料,得到点新的感受,则吾愿足矣。

2001年5月1日

第一次回故乡

1973年8月3日,季老带着夫人彭德华、儿子季承、孙子季泓、孙女季清,一家五口人,回到了一别40余年的故乡。这也是中华人民共和国成立以后季老第一次回故乡。

这时季老还处于"半打倒状态"。他们一家人从北京坐火车到禹城车站下车,转乘汽车到达康庄。这里离我们官庄村还有4公里路程,当时条件差,没有别的交通工具,季老本家的人和村干部到康庄迎接季老一家人,只是准备了自行车和地拉车。原来打算让季老也坐地拉车的,季老执意不肯坐,说:"我能骑自行车。"商量的结果是,季老和儿子季承骑自行车,季夫人

和孙子、孙女坐地拉车回村。到了村头，季老一家人下车步行回老家。小学师生一齐出动，列队欢迎，村里男女老幼一听说也都从家里走出来，站在大街两旁欢迎季老一家人。季夫人结婚几十年，还是第一次来官庄，看见村上这么多人欢迎，笑着大声说："都来看老新媳妇啊！"一句话逗得街两旁的群众都乐了。

季老的故居，当时还有4间西房，一家人就在这老屋里住了下来。每天来看望季老一家的村民络绎不绝，屋里屋外挤满了男女老幼。季夫人在屋里和前来看望她的老太太、年轻媳妇拉家常。看到季夫人落落大方，说话和蔼可亲，以为也是一位教书先生；后来知道没有文化，几十年勤勤恳恳，操持家务，不少人感叹地对她说："你也不容易啊！"季老在院子里摆放上一张长矮桌，几条长凳子，一壶茶水，他就和老乡坐在院子里说话。他最关心的是家乡人的生活状况，询问的最多的是收成情况和孩子们的上学情况，当他得知村里有些人家忙活一年还不能吃饱，便唉声叹气、愁眉不展；当他听说村里孩子们都能念到小学毕业，还出了一批中学生和几个大学生，又非常高兴，笑容满面地说："这比解放以前强多了。"儿时的伙伴杨狗来看望季老了。久别重逢，两个人都很激动，说起小时候的一些趣事，又都开怀大笑。儿时的另一个小伙伴"哑巴小"的父亲马洪保老人也来了，季老赶忙站起来让座、让茶。1998年8月，我去北京大学向季老汇报筹建资料馆的事时，季老又给我谈起"哑巴小"的父亲："他怎么那么聪明！当时我问他多大年纪了，他伸手比画83岁了，他怎么听见的？"

1973年我还在临清一中教书，季老回故乡的第二天上午，问村里的干部："咱村里有一个叫马景瑞的，现在在哪里工作？他是咱村和我通信的第一人。"当天村里干部便打发人到临清一中给我送了信。8月5日上午，我急急忙忙赶回村里，放下自行车就往季老的故居跑，心里想：这回我终于能见到仰慕已久的季先生了。来到季老故居的院子里，我看见季老身穿短袖白衬衣、灰裤子、圆口黑布鞋，正和村里人说话。我一时很激动，也很拘谨，原来在回村的路上想好的要对季老说的一肚子话，要向季老请教的一连串的问题，竟不知从何说起，最后只说了一句："您是什么时候到家的？"季老让我坐在他身旁，告诉我"回来两天了"，随后慈祥地询问起我的工作情况和学习情况，还问我有什么业余爱好。我的心情慢慢平静下来，告诉季老：我很喜欢读他写的散文，把能找到的刊有他的散文的报刊都找来看了。我不知道不然先生写不出《月是故乡明》《还乡十记》，也不会总是惦记着家乡下没下雨、庄稼收成好不好。这些点滴小事，足以说明先生对家乡的那片赤诚之情。听着先生的讲述，我没有忘记自己的职责，手握相机，眼睛紧盯在取景框上，按下快门，抓拍到了这难忘、可贵的一瞬。

2001 年 8 月 6 日，社会各界知名人士云集古运河畔，祝贺学界泰斗季羡林先生九十华诞。

8 月 5 日，先生提前一天乘坐火车回到故乡，一下火车，就被亲朋好友围在了中间。时隔两年，先生依旧身着蓝色的中山装，精神依然矍铄。先生手捧鲜花，微笑着和接站的人打着招呼，并向他们问好。我不失时机地抓拍到了这个镜头。我一直珍藏着这张照片，每每看到照片中和蔼可亲的先生，就仿佛时光倒流，又近距离地感受着先生的美德。先生一生淡泊名利，穿衣吃饭都极其朴素。就说他这身蓝色的中山装，已经穿了多年，洗得都发白了，但是先生依然在穿，并没有因为过生日而买一身新衣服。

下午，先生在家人的陪伴下，来到了祖父母和父母坟前。坟前立有两块墓碑，碑文为先生所书。先生敬献了花圈，行跪拜礼。我就在先生的对面，默默地按下快门，用自己独特的方式记录下先生的祭奠活动。

最让人感动的是，8 月 6 日上午，在临清宾馆大会议室里举行了先生九十华诞茶话会。先生穿着白衬衣，胸前戴着鲜花扎制的花环，那红似火的鲜花，映衬着先生慈祥和蔼的脸庞。当看到，手捧鲜花的少先队员，站在他的面前，高声致辞时，先生的眼睛湿润了。他站起身子，微笑着，用亲切的目光看着孩子们。直到致辞完毕，先生才坐下。先生用手帕擦一下眼泪，用和缓而看似平静的语气，讲了一段话。先生思路清晰，讲话非常有逻辑性，讲话的主题依旧不离爱家乡、爱祖国。先生的讲

话感人至深，现场不少人都流下了眼泪。我为先生拍下了这感人的一幕。

先生两次回家乡，我虽然没有单独聆听他的教诲，但我的相机始终在忠实地记录着先生珍贵的瞬间。我在镜头后面，感受着先生的大德大爱。

2019 年，先生离开我们已经 10 年了。先生的学识造诣，良知品格，是一个时代的高峰。回顾先生的一生，可以用不凡和朴实来形容：不凡是他在学术领域里取得的非凡成就；朴实是他从不追名逐利，真实坦诚地对待每个人。我觉得先生的许多东西是学不来的，他那由内而外散发出来的个人魅力以及精神品格和境界是我最崇敬的，我只有重拾那段鲜活的记忆，用心写下此文来纪念先生！

2019 年 4 月 17 日

（作者系临清市广播电视中心副主任、总编辑）

一座巍峨的丰碑

——我所景仰的季老

张立科

写下这个题目的时候，我的心释然了。纠结了若许天若许年的问题解决了，就是用一个什么样的词来形容季老——丰碑，一座巍峨的丰碑——文人的丰碑，真纯人生的丰碑，师表的丰碑。

作为一个德高望重、著作等身、学贯中西的大学者，季老十年前的仙逝，成为文坛、教坛、文化界“巨大得不能再巨大的事”。十年了，时代在飞速发展，而季老的作品更深地植在国人的读书生活中，季老的伟岸形象更鲜活亲切地陪伴在所有爱他敬他的大众中，季老的深刻影响更深入人心地散播在新时代的文化土壤上，成为“后季羡林时代”一个文学标杆、一个文化符号、一张学人名片。

这是中国文化的大事，也是以大运河为标志的历史文化名城临清——这个因季老而更加光芒四射、更加充满人文气息的城市的大事。

一

认识季老、接触季老，零距离仰望季老的伟岸、聆听季老的教诲，是我一生最珍贵的记忆，使我充满力量、充满自豪、充满信心。他的高大、慈爱、渊博、慧哲，使我终生仰望，成为我人生的偶像和前行的精神导航。

时光倒退二十七年半——1992 年 1 月，我的眼前立刻浮现出我第一次拜访季老的情形：一个穿着蓝色中山装，慈爱得就像邻居爷爷的形象跃入眼帘。北大未名湖畔 13 号公寓一楼，上午 10 点左右，我敲开季老的楼门，自

我介绍和说明意图：我叫张立科，来自临清，我们一群文学青年成立了文学创作协会，创办了一个刊物叫《卫运河文学》，想请您题写一个刊名……

季老让我坐下，不紧不慢且高兴地说："好，家乡的年轻人热爱文学，我写。"季老是北大的一级教授，又是副校长，资深望重，拥有对门两套楼房：一套是季老和他的妻子生活起居的地方，另一套是季老专用的书房。我进的是季老的起居室，屋里还有他妻子——一位慈祥的老人，我坐在一个矮凳上，有些拘束，毕竟第一次见这么著名的大人物，心里没底。季老起身到书房帮我题写刊名去了，我便和老人唠家常，三五分钟的时间距离就拉近了，拘束感一扫而光。

大约过了10分钟，季老回来，拿着刚写好的"卫运河文学"题字递给我，我双手接过来，心里溢满无限兴奋和感激。看着字迹遒劲、结构匀称的刊名题字，我连连说着感谢的话。

衛運河文學

季羡林

我起身告辞，他诚恳地说"不慌，喝杯水"，我犹豫了一下，彻底放松的情绪已经非常稳定，便坐下来，端着茶杯，和他唠嗑。他亲切地问我你住在什么酒店，都去了哪里，还办什么事。他还跟我说起帮临清争取资金修舍利宝塔，说起他的家乡康庄镇官庄，说起他创办的北京大学东语系。他说话时语速沉稳，声音带有一点点天然的嘶哑，没有丝毫的距离感，我感觉就像跟亲戚、家人、邻居聊天。

临近11点时，季老家里来客人了，我匆忙告辞，将在临清买的礼物——牛肉干送给他。他很高兴地收下了。送我出门时，季老到对过书房拿了两本书，一本是厚厚的《季羡林散文集》，另一本是《万泉集》。趁季老拿书的功夫，我浏览了他的书房，看到满屋子的藏书，心里油然而生出更大的敬仰之情。

二

1992 年春节前，也就是从季老处求得刊名题字的两周后，《卫运河文学》正式创刊了。它虽然是内部刊物，但却是我们几百名文学爱好者发表作品的阵地，是我们自己的精神家园。封面上季老的刊名题字置于上方，连同他的名字和印章光彩夺目，熠熠生辉，给刊物平添了无限的光彩。

不久，我们又创办了双月刊、32 开本《微型文学》，由我担任主编。这年 7 月 23 日，我去北京拜访臧克家老人，请他题写《微型文学》刊名。第二日，我第二次拜访了季老。

同样是上午 10 点多，季老正在赶写讲稿，听到叩门声，亲自给我开了门。我还没来得及介绍自己，季老便说："你是临清老家的，叫立科，去年来过。"他领我进书房，一屋子满是书籍，不光架上满满的，几个桌上也是一堆一堆的，使人恍如走进图书馆。

在书房里面，群书环绕着一张长方形桌子，季老让我在一张藤椅上坐下，问明来意，很高兴地说："昨天开了一天会，明天一早到延边大学讲学，一去就是七八天，今天在家准备讲稿，你来得正巧！"我问："您老人家现在社会活动还这么多？""多！开会、讲学经常有。"我转达了家乡文学青年们的敬仰和问候，他连连表示感谢。

季老特别关心家乡的经济文化事业，闲谈中聊起前来拜访过的马景瑞副市长和文化局许铁生局长，谈起弘扬中华文化要从弘扬乡土文化始的问题，体现了他对家乡的拳拳爱心。随后，季老拿出一本《万泉集》签上名赠予我，我双手接过，心情十分激动。我还给季老拍了一张照片。

在季老的书桌前，我看到他一篇正在写作中的讲稿，很过意不去。他明天还要去延边大学，我得马上告辞。他又一次关切地问我住哪儿，还送我到楼外，和我握手告别，让我带回他对家乡人民的问候。

三

1992年8月10日,我写了封信寄给季老,全文如下:

季老:

您好!7月24日前往拜望,承蒙热情接待,万分感激。见您老精神矍铄,身体康健,家乡人民无不欢喜,千里之外,遥祝您老万寿无疆。

为您老所拍书房照已经洗出,今寄一张给您。有您老照片在,我们想念时即可观仰,实乃大幸。

我们准备出两本诗集,一本叫《青春花季》,是一本微型短诗大观,另一本叫《世纪风》,是一本校园抒情诗精粹,征稿已经完毕,正准备印刷。万望您老抽空给这两本集子题上书名寄来,我们后辈后学将万分感激。我们《微型文学》第五期将登载您老的照片和简介,以满足家乡父老深入了解您的强烈要求,望您老能对家乡、对《微型文学》写几句话,我们登上。

望您老保重身体,祝您老健康长寿。

张立科

1992年8月10日

1992年8月21日,季老给我回了一封信,全文如下:

立科同志:

惠书奉悉。

遵嘱,寄上拙书一张并附上简历一份,请查收。

临清本为文化古城,流风余韵至今犹在,窃以为欲弘扬中华优秀文化,其道多端,自弘扬乡土文化始,亦其一道也。

即祝

撰安

季羡林

1992.8.21

北京大学

立科同志：

惠书奉悉。

遵嘱寄上横幅一张，并附上简历一份，请查收。

临清本乃文化古城，流风余韵至今犹在。窃以为欲弘扬中华优秀文化，大道多端，自弘扬乡土文化始，亦其一途也。

即祝

撰安

季羡林

1992.8.21

随信寄来他给家乡父老的题词一幅以及《青春花季》和《世纪风》两本书的书名：

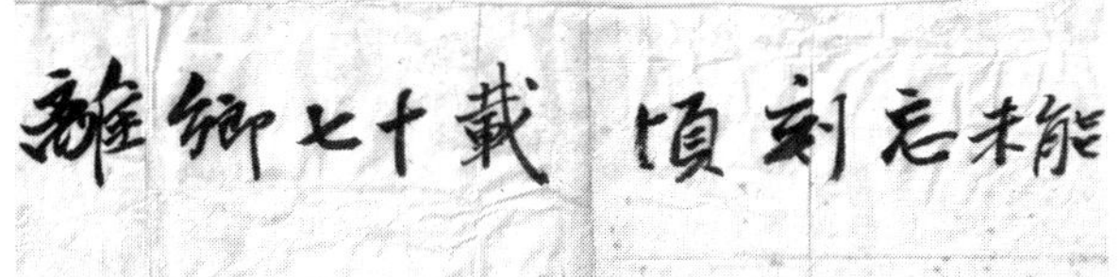

青春花季

世纪风

我一气把信读了四五遍，直到把那一段经典的关于优秀传统文化的警句背下来。季老说临清，乃文化古城，流风余韵，至今犹在，可见他乡情之深

厚、褒奖之恳切，溢于言表；说文化，欲弘扬中华优秀文化，“其道多端，自弘扬乡土文化始，亦其一道也”，可知他见解透辟，高屋建瓴，实优秀文化弘扬之真知灼见。

在《微型文学》第5期，也就是1992年12月那一期，封二上刊登了我给季老拍的书房照，下面就是季老关于优秀文化的那段警句。内文第一篇文章便刊登了我写的《季羡林教授访问记》，共700多字，虽然不长，写得也不好，只表达我敬仰之深情的万分之一，但记叙了我拜访季老的过程和当时的情景，也是历史的珍贵记录。

四

季老就是一坛老酒，日久弥香，80岁以后宝刀不老，夕阳艳红，焕发了创作活力，撰写了大量优秀文学作品，其早年创作的散文也为越来越多的评论家，尤其是广大读者所追捧。他散文的质朴，力透纸背，沁人心脾，抒发的感情真纯动人，许多抒发亲情感情乡情的文章，一气呵成，比之朱自清《背影》、杨朔《荔枝蜜》毫不逊色。中学教材、自读课本、大学教材里选有十几篇季老的散文，可谓家喻户晓、风靡校园。

在教学和编辑两月一期的《微型文学》的过程中，季老的精神鼓舞着我，给我不竭的动力源泉和不断的奋进力量。在许多座谈会上我都津津乐道，重磅介绍季老的文学成就和创作高度，推崇季老的高尚人格，讲述和季老的交往故事，颂扬季老对家乡人民的关心、支持、帮助。

1994年秋去北京出差，我再一次拜访了季老，不巧的是到他家时有记者要来采访，我仅待了十几分钟，只向季老汇报了《微型文学》的编辑情况，没能坐下来促膝交谈。然而，毕竟我见到了老人家，随后我绕未名湖逛了一周，不断想象季老在湖畔漫步，思考文学、思考人生；思之余，书桌前，文思泉涌，挥笔就篇，谈人生、谈亲情、谈学问，忆牛棚旧事，溯德国十年，梦母亲至爱，颂猫儿精灵……数百篇美文、几十本文集风靡文坛。我心目中巍峨的丰碑，我热切敬爱着、景仰着的季老，不是学生的学生永远仰视您。

五

想季老，追慕之情，难以言表，景仰之意，片刻难消。

1996 年 10 月 9 日，我和市电视台的赵玉岐、市爱卫会的马学功一起到北京拜望季老。这时，已经需要预约。我有季老家里的电话，但没有打。心想：凭我和他的三次照面，凭他是那么真挚纯正的好人，家乡人上门拜访，他一定会接见。

10 月 10 日下午 14 点，我们敲开季老的门，其助手说季老还在午休，让我们耐心等待。我们三个人便在季老书房的办公桌前坐下来。

15：30，季老简单洗漱后，来到书房，坐在办公椅上，正好跟我们面对面。这时玉岐递过去一张名片，当季老看到名片上的“岐”字是修改过的，十分疑惑。玉岐连忙说是印刷错误。季老说：“名片既然印错了，就不能再用。”季老是一个何等严谨的人啊，他对我们后辈的教诲和指正让人铭记于心、终生难忘。接着，我说明了来意：聊城有一批作家想出一套文丛，共 21 本，定书名为《大运河文学丛书》，希望季老为这套书撰写序言……我大概说了十几分钟，季老极认真地听着，不时地点点头。同时，我有点怯懦地将自己花了三个晚上写的一个参考稿递给他，意思是如果季老没有时间，就在这上面签个名或修改一下签个名。

季老没有看，直接放在了桌角上，说：“我这一辈子没让别人代写过一篇文章，要么我看不合适不给写，要么我就自己写。你刚才说得很清楚了，我看看你写的，了解到底是些什么集子，我抽时间写这个序。”

我兴奋得差点跳起来——季老竟然答应了。我仰头看了看季老，除了感激，一时间不知说什么好。

这是我第四次拜见季老，已没有了半点拘束。我进一步介绍了丛书的作者和体裁，我们每个人还和季老照了一张合影。最

后我还提出让他帮忙题写丛书名，他也答应了，说和序言一块寄去。

毕竟是下午，不能长时间打扰他老人家，我们便提出告辞。季老拿来三本他刚出版的书《赋得永久的悔》，一一签上字，赠予我们。我双手接过，景仰之情又一次溢到眼帘。

六

经过紧张的组稿与审稿，《大运河文学丛书》出版在即。可我还没有收到季老答应给写的序言。一个月过去了，两个月过去了，一直没有消息。我是不好意思再打扰他老人家的，只好干等。

有作者的集子马上要付印了，再没有序言，就得采用第二套方案了。

我只好找到季老重孙季孟祥。当时他是临清市委宣传部副部长，他说他老爷爷只要答应的事就一定给办，过几天他正好上北京，到时给问问。马上过年的时候，季部长去北京陪季老过春节，有一天他从北京季老家中打来电话，说："问季老了，早写了，早寄到临清了。"

我如五雷轰顶，顿时懵了，这是怎么回事？什么情况？季老早寄来了，我没收到。我每天收很多稿子，从没丢失过，季老这个如此重要的信件，怎么能丢失呢？

我立即到邮局查，不让查，说只要寄来了的信件都分发了，不会有差错。我心生狐疑，但坚定地认为季老写了、寄了，要不就是邮寄的路上出了问题，要不就是邮局出了问题。我找了个熟人，到邮局退的信件里、废弃的信件里、无主的信件里翻找，找了两次，终于有一天眼前一亮，一个大信封"北京大学东方语系季羡林"映入我的眼帘，我抓住信跳了起来，喊了声"找到了"！兴奋得无以言表。

我急不可耐地打开信封，里面有三样东西：一封亲笔信，一幅写在宣纸上的丛书名题字，五页复印件的序言原文。我一气读完，心潮澎湃，这哪里是序言，分明是一篇优美的散文，关于乡土文学、关于临清、关于聊城、关于家乡的创作队伍。除了作者的职业，他几乎一字未用我给他准备的底稿。

序言最后的写作时间"1996.10.23"之下写有"小病乍愈，窗外落叶如飞蝶"一行小字。落款时间，说明这篇序言是我拜访他后的第13天写的；"小病乍愈"，说明季老刚得了一场病。顿时，我的心酸酸的，眼泪流了出来：原来老人家是在刚刚恢复身体的状态下，给我们写的这篇序。洋洋洒洒2500多字，量大质高，精妙绝伦，为我们丛书增光添彩，成为一大亮色、一大支撑。

再捧赏宣纸上的书名题签“大运河文学丛书 季羡林署”，更是增添一层喜悦，笔力苍劲，韵味无穷。

大运河文学丛书

季羡林署

文友们沸腾了，读了序言都赞不绝口，纷纷说写出了气势，写出了鲁西的文脉精神，写出了大运河文学的精髓。

七

《大运河文学丛书》出版了，成为聊城文学史上的一件值得大书特书的盛事。聊城市作家协会的工作报告提及了这一套书，说明丛书的分量和影响，而季老功不可没，为家乡贡献了一篇美文。

1997年6月27～29日，我到华龄出版社汇报丛书的出版进展情况。在29日下午5点，我又来到北大13号公寓，也向季老汇报了丛书的出版进展情况，同时，向季老表达最真挚、最深切的感激之情。

这是我第五次也是最后一次拜访季老。这次，我在季老家待了半个小时，他不断地同我拉文学、拉家乡、拉他对人生世事的看法。我从心灵深处得到启迪和教益，这时季老的高大形象，在我心目中俨然升华为一个智者的化身。

这一次没有去他的书房，只是在客厅和他聊天。我看到了他的放松，他的猫，他的快乐，他的难得的悠闲。

17:30，我离开了季老的家。年近九十的人，身体稍微有点虚弱，我握着他的手，没有再也握不住的预感。因为我总认为心目中伟岸、高大的季老，我还是会再见到的。离开季老的家，我心情舒畅，看着熟悉的楼门，我在心里计划着下次的拜访。

八

我执着于文学，醉心于文学，想把生命献给文学，但在全国经济大潮的冲击下，大多数内刊下马了，我们的《微型文学》也难以为继。我辞去公职，到聊城创办了自己的民办学校。我虽然仍眷恋着酷爱的文学，但毕竟要把95%以上的精力和时间投入到学校教育工作中。季老也是教育家，季老的教育情怀和大师风范激励着我，让我疾步前行，诗心不泯，文韵激荡。

2003 年，我又一次来到北大 13 号公寓，想再次聆听季老的教诲、仰望季老的仙姿，但已不可能：他老人家住进了 301 医院，由专人看护。家乡的领导去看望他也必须预约，否则准吃闭门羹。我虽然心系季老，景仰季老，但也只能在报纸上、电视上、网络上一睹尊颜。

2009 年 7 月 11 日，季老走了。全国文化界、教育界、学术界……同悲共奠，送别这位佛心、儒心、仁心、慧心同样光芒万丈的世纪老人。

季老在天上一定有着举足轻重的地位，应该是主宰天上文脉的文曲星，他的仙风道骨、儒脉文韵，让人肃然起敬、遐想连篇。

季老仙逝后，我没有资格参加他的追悼会，也没有可能参加他的纪念馆落成仪式……但每一项活动举办时我都面向北方，默默祈祷，以我个人的形式向他表示哀思和敬仰。

好长一段时间，我内心总是激动不已，总想起季老的音容笑貌，总想写一本书，写出我们眼中的、记忆深处的最耀眼的季老形象。2018 年底，我回归文学，当选为临清市新一届作协主席。对季老的怀念之情，时不时涌上心头。他对我和临清文学的鼓励、教导，成为我精神的支撑、前行的力量、创作的动力源泉。

高山仰止，景行行止。十年了，一代大师仿佛就在眼前，仿佛就在昨天。他一刻也没有离开我们，仿佛他还在忙碌着他的研究、他的创作、他的生活。他还在伏案创作他的特别接地气、特别有读者缘的散文……

一座巍峨的丰碑，文学家的丰碑、教育家的丰碑、文化巨人的丰碑、一个普普通通的好人的丰碑……季老，您是我这一生唯一挑出景仰这个词汇形容、表述、歌颂的人。季老，从人间到天堂，您端坐在两个世界，一刻也没有离开过我们。在这里我们这些爱您的人、想您的人每天向您问好！

（作者现任聊城市作家协会副秘书长、临清市作家协会主席）

我心目中的季羡林先生

布茂岭

1997 年 10 月 8 日，我当时在聊城师范学院教育学院教中文，学校通知我到大礼堂聆听季羡林先生的报告。我对季老仰慕已久，早晨 8 点不到就来到了礼堂。礼堂里坐满了人，季老一进礼堂，就爆发出一片热烈的掌声。季老作了“人文社会科学研究也要有中国特色”的学术报告，报告也不时地被掌声打断。

根据记忆，我总结了季老在这次报告中所讲的五个问题：一是人文社会科学研究最忌崇洋媚外，要钻研中国传统文化，弘扬中国传统文化。二是人类未来的文化引领者是东方文化，特别是以儒家文化为核心的中国传统文化。三是新诗的主要缺陷是没有形成公认的形式。季老说：“新诗到现在发展近百年，没有几首能让人背下来，我能背上千首古诗词，但能背诵的新诗至今只有我大学时期的同学徐志摩的《再别康桥》和戴望舒的《雨巷》。”他还指出：“唐诗宋词妇孺皆知，人人能背诵几首，个个喜闻乐见。小孩子刚学说话，就学背诵唐诗，却没有儿会背新诗的。好的文化，应该有公认的形式，新诗没有做到。”四是中国传统文学创作与评论的最高境界是“写意”。他认为，西方传统文化的创作手法是写实，所以油画、雕塑、小说特别发达，而中国传统文化的创作手法是写意。他还说，《诗经硕人》中的“巧笑倩兮，美目盼兮”是古今中外描写美女最传神的一句。最后，季老谈到对某些人誉他为“国学大师”的看法。他说：“我的学术主攻方向是东方学，特别是梵文、印度学等，而不是中国文化，并不是‘国学大师’。”他自己已推辞了许多类似的荣誉称号。短短 70 分钟的报告，句句真知灼见，高屋建瓴，鞭辟入里，全场听

众欢欣鼓舞，掌声经久不息。

2009 年，莘县友人书画家李长青画了一幅“十猫图”，并邀请我撰写《季老爱猫歌》，一起赠送给季羡林先生。季老见到家乡的青年及其作品，非常喜欢。当时北大的一位教授，对此画爱不释手，李长青当场将此画转赠给了他，回头又重新创作一幅“十猫图”送给了季老。

季老爱猫歌

季老天下尊，爱猫海内知。“老虎”似义士，“咪咪”如淑女。

相随朗润园，朝夕散药石。松荫季荷畔，篱影竹径里。

常见耄耋翁，折腰戏猫狸。人行猫亦行，人止猫亦止。

借问奚爱物，仿麟有先师。小猫思无邪，率性而为之。

活泼无欺诈，与人敢争席。不拘礼与法，自由性清洁。

纵浪大化中，应去便须去。似达老庄道，颇存陶令仪。

忆昔进牛棚，举世知音稀。唯余二猫友，贫贱不相欺。

夜深陪耕读，轻梦慰孤寂。此辈虽作古，幸载丹青里。

聊表仰止情，兼传故人意。爱猫悟至道，古今公第一。

窃闻仁者寿，怜物乃仁慈。相期公茶寿，再拜献新诗。

2010 年清明节前夕，听闻季老骨灰魂归故里，我夜不能寐，创作了《祭季老文》，特地邀请冠县籍著名书法家王焕魁先生小楷书写、聊城自行车协会主席庞凤鸣装裱，并于清明节率车友数十人至临清康庄，迎季老骨灰归葬。其间，庞主席亲自把装裱的卷轴交与季老 70 余岁的外甥。

祭季老文

泰岱苍苍，漕挽泱泱。齐鲁之子，魂归故乡。

学贯中西，德高贤良。读书种子，学人榜样。

化育多士，桃李繁昌。力学兢慎，弘毅博强。

飞鸟思林，游子悲乡。生为国师，品洁风亮。

魂栖先茔，以慰爷娘。千秋万代，临风景仰。

魂兮归来，河岳同光！

后学乡人布茂岭熏沐拜撰于 2010 年清明

如今，季老已经离开我们10年了，但斯人已去，风范长存。在我的书桌上，就有季老托李长青赠送我的《病榻杂记》；在东昌学院5号教学楼的前面，就是由于学勇教授创作的季老的雕塑，可谓与斯人相伴朝夕，“伐柯伐柯，其则不远”。

2019年6月19日

（作者系聊城大学东昌学院教授、中华辞赋研究会副会长）

在庆祝季老九十华诞的日子里

张岩梅

2001年8月6日晚，庆祝季羡林先生九十华诞文艺晚会在临清宾馆隆重举办。这场晚会的规格很高，晚会的观众有各级领导，季老的同事、好友、弟子，国家、省、地、市的多家新闻媒体，来自全国各地的专家、学者以及临清市社会各界的代表。这场晚会是庆祝季老九十华诞系列活动的一个重要环节，临清市委、市政府高度重视，从6月份就开始了筹划运作。我有幸成为晚会导演组的一名成员，参与了从晚会主题的拟定、节目的筛选、演职人员的确定以及节目的排练、联排、彩排，一直到正式演出的全过程。

这场演出是分两次完成的。上午，在祝寿仪式中，20余名少先队员向季老献花，并向季老朗诵了喜迎季老回到家乡的诗歌(《献给季老一束花》，作者张岩梅)。季老是站立着、流着泪听孩子们朗诵的。晚上的演出只有9个节目，但个个是精品。季老后来写回忆录的时候，对这次演出给予了高度评价。第四个节目是我创作的配乐诗朗诵《翻开季老的日历》。为了写好这首诗歌，我翻阅了季老的《留德十年》等著作，把季老坎坷、传奇、光辉的一生进行了高度浓缩——

鲁西北的红土给了他坚忍不拔的品格
济南府的清泉给了他机智聪慧的灵性
清华园的学海给了他扬帆远航的勇气
哥廷根的书山给了他登上险峰的殊荣

这场晚会的主持人李奎兰、龚东涛(临清电视台播音员)担任了朗诵者，他们准备得非常充分，在演出时完全是脱稿朗诵的。演出结束后，主持人搀扶着季老上台接见演职人员，与舞台上的演职人员一一握手。一同上台的还有各级领导、著名电影演员王晓棠、中央电视台著名主持人倪萍等。当时，我也在舞台上，那是我第一次也是最后一次与季老握手。

18年过去了，我一直保留着当时为季老演出的节目单，还有季老为我的儿子张火的签名——写在了季老翻译的《罗摩衍那》的空白页上。那张签名很可能是季老在2001年8月6日晚为数极少的一张签名。因为当时晚会导演组为了季老的健康而作出了一项规定：不允许演职人员找季老签名。张火不是演职人员，不知道这项规定，才贸然去请季老签了名。

（作者系临清作家协会监事会主席）

先生是一座山

赵浦田

岁月如风，凿桑田沧海；青史似镜，照古今圣贤。

回想乙亥新秋菊蟹初上之时，我和乡友赵凤山先生走进北京大学朗润园。

那是1996年，我筹备赴北京中国美术馆举办个人书画展期间，友人们向我建议有必要请几位名家到馆指导：一是提高展事的档次，二是直接能得到几位先生的教诲。大家首先想到的是我们临清人仰慕已久的著名学者季羡林先生。季先生有无时间？能否应诺？还尚未可知。我思量再三，决定修书一封，盼有佳音。时过月余，岂料佳音果至，先生邀我去北京面谈。

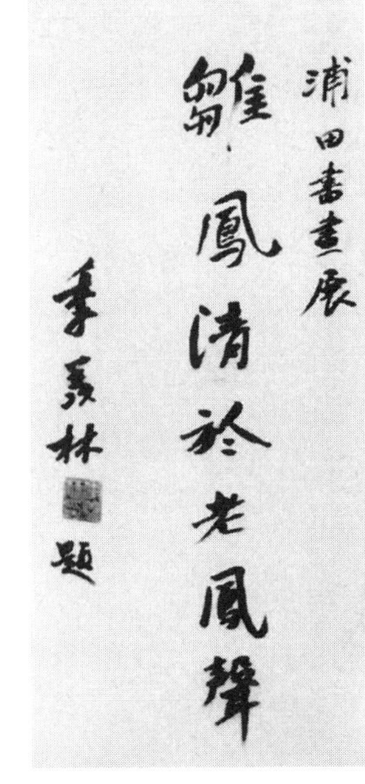

如此，我怀着激动的心情邀凤山先生一同前往北京大学拜谒季先生。不想早已心仪的名家竟和我一见如故，音容笑貌是那般和蔼可亲。先生穿着朴素，行止儒雅，室内的摆设竟如此淡雅，与他的身份实不相符。这使我本来紧张的心情一下子放松下来。待我说明来意，老人家竟一口应诺，并说：“你在中国最高的艺术殿堂举办画展，为临清争光，我为你感到高兴。”先生随后问我何时举办，我回答是12月26日。他想了想说：“你的日子选的真好，那天是毛主席的生日。可是我时间太紧，有几个重要会议要参加。”并让我看了看他的记事本，但在我的一再要求下，先生说：“这样吧，我推掉一个会议也得去给老乡捧捧场。”我当时一看先生如此随和，没有一点架子，于是大着胆子提出求先生为我的展览题几个字，以示鼓励。不想先生随口应下来，留了我的邮编和地址。时间不过月余，我竟收到先生的回信及题词一幅，上书“雏凤清於老风声　浦田书画展　季羡林题”。

1996年12月26日，我的画展如期举行。寒风中季老如期而至，待我搀扶着先生步入展厅时，已来的何鲁丽、廖静文、高冠华、杨力舟、刘曦林等20余位嘉宾都起身相迎。耿飚等上前询问季先生的身体健康状况。廖静文先生上前拉着季老的手说：“我是您的学生啊，我还跟您念过书呢。”可见，诸位嘉宾对季先生仰慕之至，尊重有加。

我搀扶着先生逐幅地观看书画作品。季先生不时地向我提出他的看法，今后我应该往哪方面发展等。他还问我上过什么学校，跟谁学的书画。又问我认不认识徐悲鸿，可惜我无缘见到徐先生；问我认不认识弥菊田，弥先生和我的恩师张彦青先生是好友，我自然是认识的。季先生一直问到临清今年的收成怎样、经济发展怎样，临清的砖塔修好了没有，《金瓶梅》会议开得如何，并说自己没有这方面的学问，没有参加。可谓，无话不谈，亲如家人。

一个半小时很快过去了，季先生身后还跟着一群人，争相请先生合影留念。先生当时已是85岁高龄，我怕先生累坏身子，便让他稍事休息。先生高兴之余要当场再给我题几个字，遂又在宣纸上写下“琳琅满目，美不胜收”八个大字，并题上款“贺浦田书画展成功”下款“季羡林九六年十二月题”。

在以后的几年里，我每去北京，必先拜访先生。有一次他问我认不认识马鲁奎，我说我们是好友，经常见面。先生给鲁奎写了点东西，让我带给他，并说：“你带去，我放心。”还有一次，日照的朋友魏绪珊托我请先生题字“魏园”（坐落在日照的海边，占地百亩，旅游胜地）。我遂给先生写了封信，不久魏绪珊就收到了先生的墨宝，并刻在正门上央，以示荣幸。

至于先生的学问，后学只能仰慕之至，不敢妄论，但先生的谦谦君子之风可鉴，恭恭硕德之气可范。先生仙逝，转眼已过10年，他那待人平易、和

蔼可亲的诸多美德永远值得我们后人学习。

先生是一泓深邃的水，时时濯我心智。

先生是一座莫测的山，步步励我登攀。

己亥初春后学赵浦田拜书

（作者系中国美术家协会会员、临清画家）

由季羡林先生扫墓想起的

马遇昌

值今春清明季羡林先生骨灰安葬之际，谨以此文聊寄予先生的纪念和追思。

——题记

拜读马景瑞先生所著《我所知道的季羡林先生》再版一书，内容更加充实、装帧更加精美。有幸拜读，我颇受教益。

我是从读季先生的著名散文《赋得永久的悔》才更加敬慕先生的。先前在印象中，只知道他是在印度语言及文学、佛教史、吐火罗文等方面有高深造诣的大学者。但《赋得永久的悔》文中那流畅的文字，朴实而自然的笔调，生活化的语言中，宛若临泉滋润和充实着知识浅陋的我；文中所表现出的人格力量与真挚亲切的感情激励和感染着我，对先生的景仰之情也随之更加厚重起来。

自己常想：无缘面睹先生的慈容，没有福分聆听先生的教诲，这是难以企及的遗憾。今天读了这本专门记述季羡林先生的书，无疑是对内心遗憾的一种补偿。细品中不仅了解了先生的一些生平，更看到了先生的道德风范和高尚情操。

尤其是读《季老扫墓》一文时，读着书中的文字，端详着书中的照片，竟不由得使我热泪欲零。那照片是先生道德人品的生动写照。他那严肃的眼神，庄重的步履，使随同扫墓的人们也都一下子静了下来，整个墓地被笼罩在一片肃穆之中，气氛是庄严的，天空也好像颇解人意的静谧起来。90岁高龄的老人在晚辈的搀扶下，在按乡俗备下的祭品前，躬身跪拜三叩首，那虔诚的神情，哀戚的面容，使人感动不已，让人肃然起敬。这时季老的心情是

沉重的、纷乱的，在虔诚和哀戚中，好像还隐藏着季老对未及尽孝、父母便仙逝西归而感发的一种愧怍，抑或又想起了在《赋得永久的悔》一文中开头的那句话，“我这永久的悔就是：不该离开故乡，离开母亲”（而且一离开又是那么多年）。这是多么感人的一幕！

我们在扫墓中看到的季羡林先生，又一次向人们展示了他那人格品德的力量和朴实厚诚的感情。

现在一些比季老小 20 岁、小 30 岁的人，能有多少像季老那样躬身跪拜三叩首、祭亲若亲在？这使我不由得想起了孔子的弟子曾子在祭祀父母时哭诉的话：“往而不返者，年也；不可得而再事者，亲也。”曾子的这种懊悔的哭诉和季老扫墓时哀恸的心情，是何其相似乃尔。

季老在扫墓时祭之以诚、祭之以敬的躬身力行，在孝敬父母、祭祀祖先方面，又为我们树立了典范。尊老敬老、孝敬父母、缅怀祖先，是我们中华民族的传统美德，是社会主义精神文明建设的重要内容，是衡量社会文明、文明德行的一把标尺，同时也是时代进步的显著标志。

让我们以季老为榜样，在给父母以优厚的物质赡养的同时，更应给以更多方面的精神赡养，让尊老爱老、孝敬老人的社会主义新风吹暖每一位老人的心田。

（作者系原临清粮食局职工）

和季羡林先生的一次合影

陈春生

在我的影集里，珍藏着一张照片，那是 2001 年 8 月 6 日晚上，我和著名学者季羡林先生的一张合影。虽然已过去了 18 个年头，但每当看到这幅珍贵的照片时，我的内心深处便会涌起一股幸福的暖流，季老生前回到临清时的音容笑貌，如同一幅幅清晰的画面在眼前闪过。

季羡林先生是从临清走出去的名人，他生前一直牵挂着家乡临清，多次回到故乡。2001 年 8 月 6 日，恰逢季老 90 岁大寿，在八一电影制片厂厂长王晓棠将军、中央电视台主持人倪萍等陪同下，季老从北京乘火车回到临清。这也是他有生之年最后一次回到故乡临清。

8 月 6 日下午，临清市委、市政府在临清宾馆礼堂为季老举行了隆重的祝寿大会；当天晚上，又组织了祝寿晚会，文艺工作者表演了精彩的文艺节目。季老兴致很高，对每个节目都看得很认真，并报以热烈的掌声。我当时在临清市委宣传部工作，有幸参加了祝寿活动的服务工作。

出于对季老的敬仰之情，8 月 6 日那天我总想找机会和他老人家合个影，但因为当时全天季老的活动安排得很多，拜访他的领导和故旧也络绎不绝，所以一直没有找到合适的机会。记得当时季老住在临清宾馆贵宾楼二楼东头南侧的一个套房内。当天晚上 9 点多了，客人们陆续离开，季老的房间内渐渐地安静下来。我和我的老朋友、时任聊城日报社摄影部主任刘庆民在门外等候，等最后一个客人离开后，我轻轻敲门，听到许可后，走进了房间。

季老坐在朝西的一个沙发上。我走向前去，毕恭毕敬地站在季老面前自报家门："我是市委宣传部的工作人员陈春生，想和您照个相，可以吗？"季

老露出慈祥的笑容，虽然已是90岁高龄的老人，但面色红润，毫无倦意。他说当然可以，用手一拍左侧的沙发扶手："来，小伙子坐在这里。"我坐在季老左侧，刘庆民主任拿起相机，快速按动快门。于是，便有了这张珍贵的合影。随后，我祝福季老健康长寿，向他道别，季老微微颔首，我轻轻地退出了房间。

说心里话，在与季老合影前，我心里一直惴惴不安。一是因为季老这么大的知名度；二是因为老人家毕竟那么大年纪了，参加了一天的活动和会见，肯定有些疲劳了，季老或者他的工作人员如果拒绝的话，也是意料之中的事。但是，季老爽快地答应了。我想，这主要还是季老出于对家乡的关爱吧！

季老离开临清后，我就一直关注着有关他的消息。此后季老写了不少关于临清的文章，记录了为他祝寿期间许多有趣的故事和感受。再后来，因年龄和身体原因，季老住进了北京301医院，陆陆续续住了五六年时间，直到2009年7月11日去世。

2010年4月5日清明节这一天，季羡林先生的骨灰在他的家乡——临清市康庄镇官庄村安葬。至此，实现了他生前回到"母亲身边"的遗愿。

时光荏苒，日月如梭。每每看到和季老的合影，我的内心便久久难以平静。季老生前常说，爱国家必先爱家乡，爱家乡才会爱国家。他以爱家乡为基础，进而对传统文化的研究倾注了浓浓深情，从一个普通农家子弟走上了学术巅峰，与他的家国情怀不无关系。

如今，临清这座运河岸边的古城，已经发生了翻天覆地的变化，城乡环境日新月异，人民群众安居乐业，也算是可以告慰季老的在天之灵了。

（作者系临清市残联理事长）

两位文化巨擘的友谊人生

吕守贤

季羡林，山东临清人，是当代著名学者，是临清、聊城、山东和全国人民的骄傲。季羡林生前多次提到自己有一个弱点，那就是不好拜访人。他认为这是一种“怪癖”，想改之，却“山易改、性难易”。但是，在季羡林的同学好友中，臧克家是唯一的例外。季羡林与臧克家相识于20世纪40年代，两人一见如故，一生定交。一直到世纪之交，其间有几十年的春节期间，季羡林坚持必到臧克家家中拜访，与他们全家杯酒畅叙，欢度节日。两人友情保持长达六七十年，且历久弥新、历久弥坚，堪称“文坛佳话”。

著名诗人臧克家是山东诸城人，与季羡林是真正的老乡关系。然而，说到臧克家，季羡林早在20世纪30年代就与他有过一次小小的文案。臧克家在20世纪30年代出版的诗集《烙印》中收有《烙印》《罪恶的黑手》等26首诗，描写洋车夫等黑暗角落里的可怜的人群。这些诗被老舍先生称为“石山旁的劲竹”，真心地“希望它变株大松”。而季羡林不以为然，认为《烙印》中对洋车夫的真实状况并不了解，对劳动人民的感情也没有从劳动人民的立场去理解，并就此写过一篇评论发表出去，表达对《烙印》的微词。

或许两人谁也不会想到，十几年后，季羡林和臧克家在南京李长之的家里相见。

李长之是济南人，不仅与季羡林和臧克家同是山东老乡，而且与季羡林是从小学、初中、高中到大学的“四连贯”同学。李长之从清华大学毕业后先留校任教，后到重庆中央大学任教，1946年到南京国立编译馆成为代理图书馆主任。1946年5月，季羡林从德国留学归来回到上海，没有落脚之地，又由于内战交通中断，回不了家，于是去找在南京工作的李长之。当时季羡林

乃一介书生，到南京仍住不起旅馆，只好晚上借住在李长之的办公室内。李长之白天要办公，季羡林无处容身，只得出去游荡。无巧不成书，1923 年，臧克家和李长之为了报考济南省立第一中学，都参加了一中举办的暑期培训班，也有同学关系，但这层关系多不为人们所知。

1946 年 6 月，臧克家的夫人郑曼到南京工作，臧作为眷属同行来到南京。天赐机缘，作为李长之的同学，季羡林得以结识臧克家。1934 年，臧克家从国立青岛大学毕业后，曾到季羡林的老家山东省立临清中学任教，直至 1937 年，从而与临清结下不解之缘。臧克家在为临清写的长诗中有这样的诗句："从此，年轻的身影在我心中幢幢。从此，我胸怀里老装个临清。"两人因此又多了一层关系。在李长之家里，两人坐在一起，谈得很投机、很融洽，大有一见如故之感。听说季羡林将去北大任教，臧很为他高兴。同在异乡，吃着故乡风味的饭食，还一起去了玄武湖荡舟游玩。

1946 年 7 月，臧克家只身来到上海，通过熟人介绍结识陈流沙，臧得以在《侨声报》负责副刊工作，于是搬进《侨声报》的一间宿舍。室内一桌一椅，睡"榻榻米"，入室脱鞋，客人来访就席地而坐。季羡林在南京住了一段后，还是无法回济南看望家人。他只有一条路可走，就是从上海乘轮船到秦皇岛，再转火车到北京。于是季羡林回到上海，投奔了臧克家所在的报社，就住在他宿舍的"榻榻米"上。

不久，郑曼辞掉南京的工作，来到上海与臧克家团聚，以便相互照顾。郑曼在回忆季羡林的文章中写道："我一到上海《侨声报》宿舍，就见到一位身材颀长、面容清瘦、不苟言笑而平易近人的中年人。克家向我介绍：'这是我在南京李长之处认识的山东老乡季羡林，刚从德国留学回来，要去北京大学任教。我们一见如故，他到上海，就和我住在一起。'"

1946 年 10 月，季羡林回到分别 12 年的北京，被聘为北京大学教授，并任东方语言文学系主任。1949 年春天，臧克家从香港来到北京，就职于人民出版社，住在笔管胡同 7 号。臧在这里一直住到 1958 年，因为大街扩建搬家到了史家胡同。此时，季羡林只身住在翠花胡同。他们互相来往颇多。1951 年，季羡林随中国文化代表团访问印度和缅甸，回国后给臧克家带去一束孔雀翎毛作为纪念。这束孔雀翎毛有 20 多支，翠色保持几十年不变，完好地保存在诗人家中。此后每次出国访问，季羡林都忘不了给臧克家带一件纪念品。

1957年季羡林入党后，担任的职务渐渐多起来，而朋友间见面畅谈的机会就越来越少了。到1978年季羡林当了北大副校长后，他就在春节期间到臧克家家去拜访，与他们全家团聚半天，杯酒畅叙，欢度节日。季羡林每次去，总是带些高级点心，或是故乡风味特产。有时，季羡林还约共同的老乡宋史专家邓广铭教授一块去。这一习惯一直保持到20世纪末。到了耄耋之年，感觉每年相聚一次很是不够，决心增加一次，时间定在国庆期间，但最终时间太紧、两家相距远而未能如愿。

熟悉季羡林的人都会注意到，他的衣着几乎是没有变化的：春秋是一身蓝涤卡中山装，夏天则或是灰色中山装，或是普通白衬衣。这些衣服的式样，从20世纪50年代以后，几乎几十年一贯制。对穿着中山装如此的执着，“顽固不化”，为什么？实际上，季羡林是把中山装看作是刚直不阿的知识分子的象征，借此时时警示自己，绝不和世俗的不良风气同流合污。他注重的不是衣着的华丽，而是心灵和精神境界的超升。臧克家对季羡林的这种朴厚作风赞佩不已，曾赋诗《赠羡林》，诗中写道：

年年各自奔长途，
把手欣逢惊欲呼；
朴素衣裳常在眼，
遍寻黑发一根无。

季羡林和臧克家的友谊保持长达六七十年，究其原因在于，首先，在大是大非方面两人是一致的，都真挚地爱祖国、爱人民、爱社会主义。再就是季羡林兴趣广泛，喜欢读诗。臧克家认为中国语言有个特点，就是讲炼字、炼句，像“云破月来花弄影”“红杏枝头春意闹”“春风又绿江南岸”中的“弄”“闹”“绿”都是典型。季羡林认为，臧克家的诗明显受了闻一多先生的影响。在写文章、写诗的过程中，按照汉语特点炼字、炼句，臧克家一生在此倾注了很多心血，获得了很大成功。由此可以看出，两位文坛巨匠的朋友关系是建立在牢固的基础之上的，忠诚可靠，历久弥坚，非常难得。

有一件事很能体现季羡林和臧克家两位文坛巨匠之间友谊的超凡脱俗。臧克家与郑曼有一女儿，叫苏伊。1980年代初，季羡林正在北大副校长任上，苏伊因高血压症在工厂坚持不下去了，就由母亲出面，想托季羡林把她安排在他主持的南亚研究所里当一名职员。季羡林受托后，马上约苏伊去谈话。郑曼高兴地陪女儿去见季羡林。见了面，季羡林问苏伊：“你读过

《大唐西域记》吗？这可是南亚所的入门书，到我们所，都得先考这本书。”苏伊是一个普通的高中毕业生，哪里会读过《大唐西域记》这样高深的学术著作？原以为季羡林只考一考一般常识，没想到要真考，而且是《大唐西域记》，苏伊傻了，回家后赶紧从图书馆借了一本来看。当时《大唐西域记》还只有古文原著，一个高中毕业生读古文原著，会有多少困难，是可想而知的。过了一段时间，郑曼所在单位人民出版社招考人员，苏伊报考并被录取，当了一名校对。

在北京大学，季羡林的朴厚、宽容和善良是出了名的。他曾以北大副校长之尊为一名刚入学的新生看护行李，他从并不丰厚的收入中拿出 20 余万元资助故乡临清的教育事业发展，他让家里保姆把儿子带到北京，他给找学校并管吃管住还给零花钱，保姆的工资仍然照付……但是，当亲朋好友想利用他手中的权力时，他决不拿原则做交易：能帮的忙尽力帮，帮不上的，就不怕得罪人！在季羡林的原则面前，连臧克家的小女也不能得其后门而入。“心有良知璞玉，笔下道德文章。一介布衣，言有物，行有格，贫贱不移，宠辱不惊。”这是“2006 年度感动中国人物”评委会颁奖词中对季羡林先生的评价。

郑曼后来回忆说：“季羡林照章办事，是他严守职责高尚品格的体现。季羡林的言语、行动都是一是一、二是二，不拐弯抹角，不来什么客套，怎么想就怎么说。我们一家十分感动，永远铭怀。”臧克家一家对待此事的态度也颇能彰显一家人的优秀品格。

今年是季羡林先生去世 10 周年和季羡林先生 108 周年诞辰。哲人已逝，精神永存。作为季羡林先生的故乡，83 万临清人民无不为有这样一位老乡而骄傲和自豪，更为季羡林先生的爱国家、爱人民、爱家乡和严谨治学、勤奋拼搏的精神所激励和鼓舞，从而必将在新时代中国特色社会主义道路上不畏艰难、乘风破浪、阔步向前，创造临清人民更加幸福美好的生活，以告慰先生的在天英灵！

2019 年 5 月 27 日

（本文据山东大学蔡德贵等先生的文章整理而成，特此致谢。整理者系临清市文化艺术交流中心主任）

平易近人　崇尚简朴

——季羡林先生印象记

李兴梅

我和季羡林先生认识于1985年10月。当时我在临清市文化局工作。那年，临清市委、市政府与北京市海淀区文化局联合举办书法展览(津巴布韦文化交流代表团参加了这次活动)，时任市委副书记的胡雷同志和我一起邀请季先生出席这次活动。在北京大学13号公寓季老家中，我第一次见到了季羡林先生。胡雷书记向季先生汇报了这次书法展览活动的具体安排，并且表明了来意。季先生很愉快地接受了邀请，并表示他还可以邀请北京几所高校和电视台的同志参与这次活动。让我记忆犹新的是，季老在活动开幕式上讲的第一句话："我的第一故乡山东省临清市的同志们在我的第二故乡北京举办书法展览，我感到十分高兴。"季老为这次书法展览做的一系列工作，充分表明他对家乡文化事业的大力支持和对家乡人民的深厚感情。

季先生对临清的教育事业更是非常关心与支持，只要他力所能及，家乡人民托付的教育方面的事情，他都尽心竭力办好。1987年秋天，临清市五中派了一位同志和我去北京拜访季老，请他为临清五中题写校名和校训。我们到了他家后，季老得知来意慨然应允，并说写好给你们寄到临清。回到临清不久，我就收到了季老题写的校名和校训。后来季先生题写的校名被临清市第五中学采用，制成单位标牌。

1991年5月，我和爱人常永华一起去北京看望季先生，季先生高兴地接待了我们。交谈中得知我爱人在工业战线工作，他非常细致地向我爱人询问临清工业发展的情况，二人相谈甚欢。季先生让我们参观了他的书房。在书房中，季先生和我们的对话中仍然多次表示对临清经济发展的关心。1998年10月，季先生回到临清参加季羡林资料馆开馆仪式，我在这次活动

中见到季先生，他问我："永华同志怎么没和你一起来？代我向他问好！"我想：我爱人和他只有一面之缘，时隔数年他还惦念着常永华这个家乡人，季先生真是一位重视乡亲情谊的人！

因为工作需要，我数次到季先生家中拜访，季先生留给我的深刻印象是：这是一位崇尚简朴、平易近人的学者。第一次到季先生家我看到客厅里的陈设：一张旧八仙桌、两个木椅子、两个木凳子，还有一个老式橱柜。这样一位受到国内外人民敬仰的大学者，在生活上竟然如此简朴。一次我因工作上的事情拜访季先生，季先生不在家，接待我的工作人员得知我是临清人后，告诉我季先生的近况，并且说："季老多次嘱咐我们，家乡来人一定要好好接待！"季先生虽然离乡几十年，但是他一直眷恋着临清这片热土，没有一刻忘记家乡的父老乡亲！

季羡林先生辞世已经10年了，家乡人民会永远纪念他的高尚品德和为家乡做出的杰出贡献。

斯人已逝，风范长存！

（作者系中共临清市委老干部局退休干部）

一个临清老乡对季羡林的印象

卞文超

2009年7月11日上午，在网上看到季羡林先生去世的消息，我忍不住叫出声来。

我并未见过季羡林先生本人，但季羡林资料馆却是我上小学期间每日都要经过的。资料馆的大门并不常开，通过锁着的铁门向里面望去，有一种高深的神秘感。

上了大学之后，在图书馆的书架上，翻出一本《季羡林自传》。因为是同乡的缘故，特别在意他笔下的故乡。“回忆起自己的童年来，眼前没有红，没有绿，是一片灰黄。”这样的描述让我感到失望。1911年，季羡林出生在临清官庄的一个贫困家庭里。“我现在一闭眼就看到一个小男孩，在夏天里浑身上下一丝不挂，滚在黄土地里，然后跳入浑浊的小溪里去冲洗。再滚，再冲；再冲，再滚。”在我的想象中，大师级的人物总是天赋异禀。但在他的笔下，生命的质感如此真实，一如养育他的黄土地。

笃实敦厚的笔调，铺开一段人生的传奇。在这本自传里，印象很深的一个细节是：季羡林在德国哥廷根大学主修印度学，时逢“二战”，同学们都被征兵入伍，班里独留他一名留学生。炮火把窗玻璃震得发抖，严谨的教授照旧按部就班上课，他一人坐在教室里听。唯有如此的意志，才能啃下梵文、巴利文、吐火罗文等古代语言的“硬骨头”吧。后来也听说季羡林先生的爱情故事。这个人物的形象慢慢浮出轮廓，最不寻常之处，是一颗纯正的赤子之心。能搭上这样的“老乡”，多么骄傲。

老家经常有人去探望季羡林先生。有一次，一位老乡听说季先生爱猫，带了两只临清特产狮猫去探望，发现季老家中已经“猫满为患”。狮猫是娇

滴滴的动物，个性自我、喜欢撒娇，愿意去疼爱猫的人，往往更懂得爱是无私的付出。撇掉“大师”“泰斗”沉重的帽子，季羡林先生生活中不端架子的一面，被老乡们津津乐道。2009 年 4 月 28 日，临清市领导到北京 301 医院拜访，季先生仍然思路清晰，惦记着家乡的两个问题：一是教育的发展，二是农业的收成。

季羡林先生本人始终对“大师”的称号不以为意。他说：“我追求的风格是：淳朴恬澹，本色天然，外表平易，秀色内涵，形式似散，经营惨淡，有节奏性，有韵律感，似谱乐曲，往复回还，万勿率意，切忌颟顸。”

季羡林先生风格永存。

（原载《大众日报》2009 年 7 月 12 日）

季老给公司题词

魏保龄

与季老相识是从1993年开始的。我的养殖场(现为山东丁马生物科技有限公司)建成以后,去季老家里的时候比较多。当时养殖场的甲鱼质量非常好,有一年给季老送去了4只带有家乡特色的甲鱼,季老当时很高兴,把甲鱼都收下了。但他一只也没有吃,而是把所有甲鱼放生进他院里的荷叶湖里,当年湖里的荷花也是季老自己种的。尤其是当我听说,季老将甲鱼放生进湖里是为了保护种质资源,我深受感动。从1998年开始,丁马公司每年向聊城境内的河流和湖泊放生2000～4000只甲鱼,起到了保护野生中华鳖种质资源的作用。这一行动也得到了各级水产部门及政府的认可与好评。农业部提倡保护野生种质资源是从2009年开始的,丁马公司自1998年开始自然放流保护野生种质资源,比农业部的做法提前了11年。

记得一个星期天,我提前通过电话联系取得季老同意后去他家里,到了以后发现季老的秘书也在。随后秘书就跟我说,以后星期六、星期天不要再来打扰先生,周末两天是先生自己休息的时间,不接待任何人。我当时就说好,以后星期六、星期天不打扰先生休息。季老听后当时就批评秘书,让他不要吵吵,还说这是他老家的事,别人不见面可以,老家的人来无论什么时候都是要接待的。

在我去之前,已经请季老为丁马公司题词,我到了以后季老就把写好的词拿了出来。我见“马”字写错了,就又请季老重新写一幅,可季老为了节省这一张纸,回去后把“马”字涂改后重新写的。可见季老的生活十分勤俭节约,就连一张不到0.2平方米的纸也不肯浪费。

至今我仍记得当时季老给我提了一个要求：发家了，致富了，事业做大了，要散财济贫，做利国利民天下称颂的事。

在季老的影响下，丁马养殖场历经 27 年，现已发展成为占地面积 1060 亩，总资产 12 亿多元，集野生中华鳖原种保护、生物育种、绿色养殖、生物饲料生产、甲鱼深加工及研发、销售于一体的农业产业化国家重点龙头企业、全国农产品加工业示范基地。季老对我的要求时刻铭记于心中，我也始终将这一事业当成公益事业来做。

丁馬甲魚
天下稱頌
季羡林

（作者系临清市魏湾镇丁马村党支部书记、山东丁马生物科技有限公司董事长）

聆听季老

张　伟

在《朗读者》第二季，85岁的崔之久老先生朗读了老舍先生写的《我的母亲》一文。老舍先生的文章主要回顾了自己母亲的一生，他在文中写道："母亲并不识字，她给我的是生命的教育。"很多名人，都在成年甚至老年回忆自己的母亲，他们的母亲可能都是没有文化的，却都给予了孩子生命的教育。这种生命的教育、品质的教育往往会影响孩子的一生。

季羡林老先生在90岁高龄时写了怀念自己母亲的文章《我的母亲》，他把对母亲的思念寄托在一条老狗身上，那是自他6岁离开母亲后，在20岁母亲去世时存在的唯一和母亲有关联的事物。从文章中我们深切地体会到了季羡林的悔，后悔年幼的自己离开了家乡，后悔自己在父亲去世后没有留下来陪着母亲。直至到母亲去世，他一个人躺在屋子里守着母亲的棺木时才真正体会到母亲独自度过的3000多个孤独的夜。正是因为这份后悔，季羡林细腻地写出了自己对母亲无限的眷恋和思念；也正因为这，季羡林成为那个最爱母亲，却是享受到母爱最少的人；也正因为这，耄耋之年的他，频频梦到母亲，每每在梦中哭醒。

生命无常，我们往往无从选择，只能安于命运的安排。老舍先生和季羡林先生都是和母亲聚少离多的人，他们的母亲都是一样的没有文化，都是一样的运用身教给予子女一生难以忘怀的爱和教育。

有幸的是，我去了一次季羡林老先生的家乡——临清官庄。在季羡林先生故居，我感受到了一份静谧，在静谧中，我在心里对季羡林先生说："老

先生,我来到了您的家中,不是好奇怎样的家庭中走出您这位文学泰斗,而是想来向那位为了儿子的未来把深深的思念埋在心底的老母亲表达敬意。”也就是在这次季羡林故居的探访中,我感觉更加走近了季羡林老先生,也更深一次地聆听到了先生的内心。

之所以说是更深一次,是因为曾经的聆听。在读大学时,我每个月的生活费是 120 元,而每个月我都会因晕车少回家几次,这样每个月就可以节省下约 70 元钱用来买书。虽然买了不少盗版书,但我很感谢学校门口的那个卖盗版书的地摊小老板。他有一次向我推荐书时说:“你是临清的吗? 要不要买你们临清人的书,季羡林的书?”我接过那本书,是 1986 年版的《季羡林散文集》。惭愧地说,理转文的我这才第一次知道季羡林,也是第一次读他写的文章。我翻到《马樱花》一文,其实只是想浏览一下的,却被吸引住了,那是我通过文字与季羡林先生的第一次邂逅。从此之后,我不断地创造与先生相遇的机会,读能读到的他的所有文字。

季羡林的文字平白浅近,没有华丽的辞藻,用直白的文字叙述平静如水的生活、记录纯净如水的人生。在他平白朴素的文字里,我们了解了他的人生。读季羡林的文字,就像和一位睿智的老人聊天,语言平实简单,却浸透着智慧。读《三个小女孩儿》,我读出了他对造化的感恩;读《老猫》,我读出了他对动物的怜悯;读《寂寞》,我读出了他内心的孤寂;读《月是故乡明》,我读出了他对家乡的思念;读《赋得永久的悔》,我读出了他一生中最后悔的事,那就是不该离开家乡,不该离开母亲……

如果可以选择,我们是不是都能做出一生无悔的选择呢? 记得一个为孩子选择做手术却导致孩子终身残疾的母亲说:“我后悔为孩子做手术。”复旦大学教师于娟说:“在生死临界点的时候,你会发现,任何的加班,长期熬夜等于慢性自杀,给自己太多的压力,买房买车的需求,这些都是浮云。如果有时间,好好陪陪你的孩子,把买车的钱给父母买双鞋子,不要拼命去换什么大房子,和相爱的人在一起,蜗居也温暖。”季羡林和这些普通人一样,也有他的悔,也有他最平凡朴素的情感。常以凡人自居的季羡林在文字中多次写到自己的普通,这也正是我们欣赏的他的人格魅力所在。

越是真正有才华的人越是谦逊,越是真正受人尊重的人越不在乎虚名,季羡林三辞桂冠,一辞“国学大师”,二辞“学界泰斗”,三辞“国宝”,让人感受到了他的朴素朴实之心。2001年8月5日,季羡林回家乡祭祖,当时的他已90岁高龄,那是他第九次回家乡,也是他生前最后一次回家乡。2000年进入广播电视中心成为一名记者的我有幸知晓了这件事,但因为资历尚浅,没能参加那次报道。近在咫尺,却不能谋面,真是莫大的遗憾!也正因为这,对于季羡林老先生,我永远只能聆听,只能通过他的文字来认识他,来感受他的人格魅力。

空灵、无我、自然,是季羡林老先生的体悟,而他毕生也正是这样践行着他的体悟,他遵从自己的本心,还原本然的自己。在出版《清华园日记》前,他拒绝了编辑“做适当删减”的建议,说:“我七十年前不是圣人,今天不是圣人,将来也不会成为圣人。”这才是季羡林,这才是我们后辈聆听到的季羡林,这才是最真实的季羡林。

作为一个热爱文字的人,通过聆听季羡林老先生的岁月留痕,我更加坚信,用最朴实无华的语言,写最真实的内心,还原最本来的自我,就一定能写出最美丽的文字。感恩季羡林老先生,感恩您自1999年以来通过文字给我的所有教诲,感恩您通过文字给岁月留痕,让我有机会通过聆听岁月留痕,学到您的处事智慧。以文字为伴,我一生无悔。

（作者系临清市广播电视局专题部主任）

落叶归根读季老

许忠芹

古代的临清依靠漕运而成为京杭大运河上的码头重镇，素有“繁华压两京”“富庶甲齐郡”之说，悠久的运河文化，造就了很多名垂千古之人。自童年起，我就知道北大有个教授叫季羡林，是临清老乡。那时我还小，对季老的感觉还相当的模糊，只知道他是我们临清的一个大名人，并无更多印记。直到有一天，时任政协主席的父亲说是有公事去北京拜访季羡林，才让我感知了这是一位学贯中西、赫赫有名的泰斗。在2001年8月的一天，我从电视和报纸上看见关于一位身体瘦长、秃顶白发、精神矍铄的老者回乡扫墓的报道，才认识了季羡林。季羡林成为临清人民的骄傲，而我也感到身为季老的同乡而无比的欣喜。

2009年7月11日，北京传来季老逝世的噩耗，令我大为震惊，唏嘘不已，内心的沉重与压抑难以释怀。7月14日，一个艳阳高照的午后，我带上女儿，手捧黄菊，满怀崇敬地走进季羡林先生资料馆，悼念这位布衣学者、一代鸿儒。这里是临清人民为季老设置的灵堂，正堂悬挂着“沉痛悼念季羡林先生”的横幅悼词，两边分别挂着“季老，一路走好”和“季老，家乡学子永远怀念您”的黑幕挽联。灵堂内摆满了各机关、单位、学校等社会各界乃至外地人士各界敬献的花圈和花篮。季老的灵前花团锦簇，摆放的花圈排满了屋里屋外，整个灵堂显得庄严而肃穆。我牵着女儿的手轻轻走近季老的灵前，鞠躬致敬，献上几枝盛开的黄菊花，默默表达我们的哀思，致使懂事的女儿从我凝重的表情上得知这是一位深受尊崇的长者。

馆内还展出了季老的珍贵文物资料，我便带着女儿逐一细细阅览。当目光触及橱窗里的部分书写稿时，那手稿上勾勾画画的笔迹浓密而清晰，书页的空白处还标有注解等字样，由此感叹季老对学术研究的态度是多么严谨而细致！走进“书籍展厅”，目睹着橱柜上那一排排罗列整齐的图书巨著，我不禁惊呆了，从没有见过那么多的书籍，甚至连翻译作品的书名都读着饶舌，更没有见过上面的文字，那仿佛天书一般的墨痕，不知道是哪国的文字。我在垂叹自己见识浅短的同时，暗暗对季老有这么多的辉煌卓著惊叹不已，这才隐约地懂得国人赋予他“国学大师”“学界泰斗”“国宝”三冠加身的含义。我的心里不断地猜疑着，这是怎样的一位老人，他的精神世界可以如此富有！

从展出的书籍中可以看出，季老的学术研究已达到文化领域的巅峰。与此同时，我还了解到，季老从十几岁直至耄耋之年，80 多年的时间里，一直笔耕不辍，写下了大量散文作品，出版了多部散文集，是一位真正的散文大家。想来季老已至 90 多岁高龄，每天清晨 4 点就起来写作或搞科研，成为燕园里燃亮的第一盏灯，这种“创举”也成为北大独一无二的美谈。于是，闲时喜欢看书涂字的我，书桌上多了一本《季羡林散文精选》，想跟随季老的人文走笔，了解他的内心世界。细读他的散文，文字以淳朴、隽永、平易、深邃为基调，作品朴实无华，无论是咏物、忆旧，还是叙事、写景，笔痕中流淌着一种自然平淡的真情实感，字里行间蕴含着深刻的人生哲理。

在一个轻风拂面的春日，怀揣着季老的断章墨迹，我走进了他的故乡——临清市康庄镇官庄村。这是一个比较偏僻的小村，以至于在康庄镇的主干道上险些找不到通往官庄的那条小路。透过车窗，我看到这是一条新修的柏油路，笔直而平整，两边的房屋粉刷得很整洁，已然不是季老笔下那条“路是土路，高低不平”的旧貌了。看到这，我不禁暗想，这也许是为迎接季老回归故里而特意修整的吧。单凭路边构建的民居状况来猜测，这个村子的生活条件，我个人感觉不算富裕。我便在村中一空地处下车，徒步去参观季老的家。沿途一片乡村景象进入我的视野，在高低错落、大小不一的民宅中，还夹杂着几处低矮破旧的砖坯房，这引起了我的注意。我的脑海中马上浮现出季老文章中描述他家的样子：一个破破烂烂的篱笆门，一座简陋的屋子，屋后一个绿苇丛生的大坑。或许是心里早把季老的文字“先入为主”了吧，于是我就按照他写的场景去“对号入座”，目光只搜寻那些残破的旧房子，猜想着哪一座才是季老的家呢？当行至一处较新的白墙青瓦仿古建筑的宅院时，听同行的人指着说：这便是季老的家。我站在门前诧异了好久，反复打量这所房子，不敢相信自己的眼睛。可门前分明悬挂着由当代著名书法家欧阳中石先生亲笔书写“季羡

林故居”的牌匾。由不得我疑惑，这正是季老的家。

这是座为季老修葺一新的故居。故居大门坐西朝东，院门不很宽大，是典型的山东乡间民居的形制，迎面影壁上书写着一个大大的“福”字，大门北侧是二进院门，里面是一个面积不大的小院子，北房五间、东西厢房各三间，正房内摆放着旧式的八仙桌椅，墙上挂着几幅字画，卧房摆放着几件古式的家具。院内的三棵枣树都很粗壮，高高的枝杈已超出房顶许多，是由季老的祖辈种植的，距今已有100余年的历史。或许是春光还不曾爬上枣树，粗疏的枝干还没长出叶子，光秃秃的，很落寞地站在院子里。我用好奇且审视的目光看着这崭新的房子、旧式的家具、苍老的树，不明白为什么是这种格局，便主动询问起季家的状况。据村里的知情人士面带遗憾地说：原来的老房子早已不存，现在的格局是完全按原来的老房子重新修建的；屋里的古式家具和字画都不是原物，是从民间收集而来，按照古式摆放进行布置的。呜呼哀哉，原来如此！季老文章中的“家徒四壁”，以及多次提到的“简陋的房子”“贫困的家”，只能永远地停留在他的回忆录中了。历史的风云悄然改变着故居的印记，也许唯一能熟知宅院旧事的，只有院内的这三棵百年枣树，成为现在故居中据有神秘色彩的一笔。或许也只有这三棵百年枣树能够不离不弃，始终坚守老宅，默默吐露着不为人知的过去。

走出故居，屋后的确有一个大坑，只是早已不是当年那个“透过苇丛的疏稀处，闪亮出一片水光”的大坑，而是置换成现在的“废坑一片，荒草丛生”了。看得出，这是村内一个废弃多年的大坑，坑里长满了荒草树林，即便到了晚上，也很难看到季老笔下“那个故乡的苇坑和水中的小月亮”。时过境迁，当年晌后坑里戏水的孩童已然不见了踪影，今天的苇坑也失去了往日的光彩。“绿苇丛生的大坑”也只能出现在季老的文字中了。逝者如斯，可叹在这遗失的岁月里，能留住的也许只是一段华发苍颜的记忆。

我沿着村内的一条小柏油路西行，没走多远就走到了季老的墓地。大门上“季羡林憩园”的匾文，以及两侧“集群贤大成学贯中外，承历代师表德合古今”的对联，是由当代著名书法家欧阳中石题写的。大门两边松柏环绕，苍翠欲滴。进入憩园，首先进入眼睑的就是一尊季羡林先生的汉白玉雕像，广场两侧设有碑林及两个荷花池塘。我知道，季老一生喜欢荷花，朗润园里的“季荷”不知陪季老度过多少愉悦的时光。如今，家乡人民在憩园内留一方清塘荷韵，让香远益清的荷花永远陪伴左右，想必季老是欢喜的。荷池边，还种有海棠和玉兰，这也是季老较为欣赏的花，但愿花的缤纷不只芬芳在文字里，还要盛开在他休憩的地方。由此可见，家乡人民在为季老修建憩园时的用心良苦，乡情至深。或许是真情感动了天上的花神，在这个百花还不曾觉醒的春日，我偶然看见憩园里一棵玉兰树上的玉兰花在阳光下竞相开放，让我欣喜至极。原来花知人意，早就笑脸迎接季老的归来。

憩园中分别埋葬着季老的祖父祖母和父亲母亲，季老及夫人安葬在父母亲的坟墓旁边。季老自 6 岁就离开了母亲，回乡聚少散多，致使他在记忆里，“母亲没有一个清晰的面貌，只有一团迷离的面影”。这对深爱母亲的人来说，是多么的悲哀！而多少次在梦中与母亲相见，却哭着醒来，又怎能不让人心痛？试问：哪个孩子不依恋母亲，哪个游子不眷恋家园？离开母亲离开故乡使得季老抱恨终生，成为他心中“永久的悔”，永远的伤！想起几年前回乡扫墓时，年已九旬的季老仍然跪倒在母亲的墓前，以这种最虔诚的跪拜为母亲磕上三个头，在场的人无不动容。在弘扬孝道的今天，在跪天、跪地、跪父母的父老乡亲面前，季老的这一跪又表达着对母亲怎样得一种情怀！就是这一跪，季老在《故乡行》一文中写出了自己当时的心愿：“娘啊，这恐怕是你儿子今生最后一次来给您扫墓了，将来我要睡在你的身旁！”当时季老已 90 多岁高龄，想来大归之期不远矣，即使生前不能陪伴母亲，死后也要侍奉母亲，爱母之情可谓感动天地，这也使得国人最崇尚的孝道在季老的身上得以充分体现，再次为孝贤子孙树立了楷模。今值清明时节，季老的骨灰运回故里安葬，实现了“睡在母亲身旁”的生前遗愿。若季老泉下有知，可以无悔无憾了。

在这个乍暖还寒的春日，我同前来凭吊季老的人一样，面色凝重，却心态释然。市政府筹资 200 万元修建了季羡林故居和憩园，作为家乡人民及社会各界景仰缅怀季羡林先生的永久性场所，以期永怀先生之德。如今，虽然是季老的部分骨灰安葬憩园，但是作为家乡人能够看到在外多年的游子魂归故里，以及爱母情深的季老能够朝夕相守再续母子前缘，足矣！正所谓：落叶归根。愿家乡的厚土抚慰归乡的倦体，愿季老的灵魂在母亲的怀抱长眠安息。我环视着这个宁静的世界，默立碑前，口占一绝，以表哀思：

几度徘徊在异乡，无言泪眼痛愁肠。

今朝魂化清明雨，相伴双亲梦以偿。

（原载山东省《国土资源导报》“齐鲁风”副刊 2010 年 5 月 6 日）

亲历季老九十还乡

王　刚

我的高中生活是在世纪交替的拐点上在临清市第二中学度过的，除了见证跨世纪的伟大时刻和中国申奥成功，印象最深的便是2001年8月6日季老九十华诞回乡这一盛事了。那一年我读高三，为了迎接高考我们提前开学，冒着三伏天的酷暑在书山题海里咬牙奋战。正是这个原因，我才有幸亲历了季老回乡的盛况。可惜那时对先生知之不深，只是听说倪萍要来，才有了逃课的兴致。

那天早上，我们几个同学一早偷偷地溜出学校，才发现大街上已经挤满了看热闹的人，直至以后才知道原来自己就是让倪萍感动的“他们”中的一员：“更让你感动的是村里许多人不知道季羡林是多么了不起的人，更不知道他如今的身份是什么，他对中国的贡献是什么，他们只知道他是官庄人。”

我们被维持治安的官兵们严实地挡在了道路的两旁，以当时的年纪，我们谁都不曾对那个普通的穿着确良白褂衩、深色长裤、黑布鞋的“农民式”老头有几分本该有的敬重、自豪或是感动，大家的注意力都集中到倪萍和其他名人身上了。直到先生跪倒在自己父母的坟前，所有围观的乡亲全都安静了，包括年幼的孩童。可惜那时的我太年轻，跪祭父母的心情可以理解，却没有太深的感受。

直到多年以后读《赋得永久的悔》，看到那句“我后悔，我真后悔，我千不该、万不该离开母亲。世界上无论什么名誉，什么地位，什么幸福，什么尊荣，都比不上呆在母亲的身边。这就是我的永久的悔”，终于让我深深体会到了“子欲养而亲不待”的悲恸。再回味季老的深情一跪，我被打动了，满眼泪光中都是那个瘦削的老头身影。

在临清过完九十大寿回到北京后，季老写了一篇长达2万余字的文章《故乡行》，里面有一句话感人至深："娘啊，这恐怕是儿子今生最后一次来给您扫墓了，将来我要睡在您的身旁！"

2010年7月，我找同乡李衍博书记请教工作上的事宜，适逢季老骨灰回乡安葬，这对临清人而言是一件大事。李书记主动聊起了当年任康庄镇党委书记时迎接季老回乡的种种工作。李书记说，当时的情况是时间紧、任务重、规格高，各界人士及政府领导悉数到场。为了迎接季老一行，康庄镇政府出动并临时调派了多名环卫工人，所有大街小巷，统一规划清扫，不留一个死角。

后来看倪萍手记里是这样认可当时的工作的："村庄的街道被人打扫得一尘不染，虽然是土路、土房子，可你竟然会觉得这是乡亲们用乡情为季老铺下的一块块最松软的最好的地毯。我被感动了。"

但直到8月6日上午，在通往季羡林先生父母坟上的路两旁的场院里仍有一座座夏收留下的麦秸垛，紧赶慢赶偏偏剩下远处的一垛麦秸没有来得及清理。正是这个来不及清理的麦秸垛，成了中央电视台摄制组眼里的亮点："我们就是要告诉观众，这个宣统三年出生，经过清朝帝制瓦解，经过袁世凯的中华民国崩溃，经过抗日战争、解放战争的胜利，经过中华人民共和国站起来的伟大宣言，经过土改、'大跃进''文化大革命'，经过改革开放、与时俱进、科学发展的世纪老人正是从这样一个乡土气息浓厚的小地方一步一步走出去，走进济南，走进北京，走进德国，走向世界，走向一个又一个学术制高点。"

（原载《聊城晚报》2011年8月3日。作者系临清市实验中学教师）

我们向季老学什么

吴文立

昨日，季羡林老人的骨灰归葬于临清官庄村，修葺一新的季老故居和新建的季羡林纪念馆也于同日开放。关注季老、缅怀季老、学习季老再次成为各界人士热议的话题。

其实，早在季老在世时，他老人家就已成为备受关注的著名学者；老人辞世后，又一时成为各地媒体报道的焦点。综观各地的文章，虽不是众口一词，但几乎全部是崇敬、赞美之声，从“伟大”“大家”“大师”“一个时代的结束”等这些褒义实足的词中即可见一斑。正是在这些赞叹中，季老也变得越来越高大，已然成为一位圣人，我等只有高山仰止的份，更不敢置一言，想学也一时不知从哪下手了。

笔者自己感觉，季老之所以让人怀念和礼赞，不是因为他如何完美和神圣，而是因为季老是一个有血有肉、可亲可学的慈祥老人。实话讲，对季老留下的诸多大作，我读的不多。不是没时间，而是根本不想。因为有些书太专业，太学术化，我很难看明白，但这并不妨碍我有自己的看法。西方有言：“伟人之所以伟大，是因为他们站着，而我们跪着。”于是，笔者也怀着敬意，努力站起来，在重新审视这位聊城人引以为自豪的老乡时，发现季老值得我们学的地方，最主要就是做人和做事两个方面：

做人方面，他质朴坦率，朴实无华。凡是接触过季老的人，都有一个共同的感觉，那就是季老待人真诚：虽是有大成就的知名长者，但从无居高临下之姿；虽学贯东西，但无丝毫教训后生的语调。季老的朴实无华，待人以诚，让大家找到了“被”平等的感觉。《新闻晨报》刊发的《季羡林的一生提醒了我们什么》一文说：“感觉最像老农民的就是季老。这也是他可爱的地方。

他讲话非常直来直去，从来不摆‘智者’的架子。有着他那种农民式的质朴和坦率。”我非常赞同这几句话。2001年临清庆祝季老九十大寿，笔者在现场采访时曾听季老亲口说：“人活着不是为了吃饭，吃饭是为了活着”；“道德文章，先讲道德，然后再讲文章，这是基础，为人第一，学问第二”。在如此质朴而可爱的季老身上，展现的是人格之美，散发的是人性的光辉。

做事方面，他安守本分，始终如一。季老是一个学者，也可说是一个老学究。他研究的是很难成为热门的专业——佛学、梵文、印度学等，他的学术著作，对大多数人来说并不一定愿意读，但即便如此，他仍坚守自己的专业领域，静坐书斋，70多年始终如一。于是，不求名而名自至，不图功而功自成，他被称为“中国著名的古文字学家、历史学家、东方学家、思想家、翻译家、佛学家、梵文、巴利文专家、作家”。用“好评如潮”来概括对他的评价已显得苍白，说季老誉满全球也不为过。

上面只是笔者对季老的认识，虽然粗浅，但自己感到很受用，认为季老做人做事，确实是我们学习的典范。也就是说，平视季老，不但没有模糊其高大形象，反而清晰可见，可闻可学。说到底，他就是那么一位做人扎实、专注本分的学术老人。但这位老人的影响已经远超出学术范围，变成了世人广受关注并效法的典范。笔者以为，佛家讲成佛，道家讲成真人，儒家讲成圣贤，其说法虽不同，但实质是一样的。而成佛、成真人、成圣贤的目的，就是全心全意为人民服务。而要做到这一目的，没有高尚的人格，从何谈起呢？正因为季老有了崇高的人格，专注于自己的事业，才成了智者、人中丈夫、文化大师。而这，才是季老留给我们的最宝贵的精神财富。

季老是临清的，也是聊城的、山东的，更是中国的、世界的。他的精神已经超出地域，激励着我们不断进取。幸运的是，季老安息之地最终选择故里，他的故居及纪念馆相继落成开放，为我们缅怀季老、学习季老提供了一个具体的入手之处，聊城人更是有着得天独厚的优势。以季老为样板，约之以道德，充实以知识，强化以责任，安守本职，持之以恒，如此，必然得以全面提升自己。人人这样，聊城的全面提升和加快发展定指日可待。

愿季老安息，愿季老的精神不灭。

（原载《聊城日报》2010年4月6日。作者系聊城市社科联党组书记、主席）

为了不能忘却的怀念

——追忆我与季羡林先生的一函之交、一面之缘

武成广

季羡林先生的家乡是山东省清平县(今属临清市康庄镇)官庄村,离武训先生老家堂邑(今属冠县柳林镇)武庄只有短短的几十里路。季先生从小就听长辈讲许多关于武训先生靠乞讨兴办义学的故事,传唱武训先生兴学歌谣,在幼小的心灵里播下了对这位一心为穷孩子办义学的乡贤的钦佩之情。年轻的时候,季羡林先生还专程到柳林,瞻仰了武训先生的祠堂和陵墓。就是后来他自己成了举世闻名的学者,也丝毫没有失去对武训先生的仰慕之情和弘扬武训精神的坚定信念。作为武训先生的后人,为了传承和光大武训精神,我有幸与季羡林先生有过一函之交,一面之缘。

临清是有着悠久历史和深厚文化底蕴的运河名城,也是武训先生创修义学的地方。武训先生创建的第三处义学——御史巷义塾就在临清城西南隅。武训先生在这里度过了生命的最后一段时光。临清可称得上是武训先生的第二故乡。这里留下了许多与武训先生有关的纪念物和遗迹:大众公园里的武公纪念堂和纪念亭依旧傲然耸立,博物馆里的碑碣上的“千古奇丐”四个篆字依旧清晰可辨,临清武训实验小学依旧书声琅琅。

那是1989年的冬天,我正在临清师范上学。在一个午后,我怀着浓厚的兴趣到临清市实验小学参观。该校的前身就是御史巷义塾,当时还没有恢复武训实验小学的校名。时任校长于炳洲热情地接待了我,送给我一张老校舍的照片,并带我参观了新修建的武训纪念馆。在纪念馆里,我看到了季羡林先生的题词:“春风化雨,乐育英才。”由此,我萌生了请季老为纪念武训先生题词的念头。

1990年7月,我抱着试试看的想法,饱蘸着对季羡林先生的景仰之情,工工整整地写了一封信，寄往季先生执教的北京大学。没想到，我很快就收到了季先生的回信。我当时真是既惊喜又感动。惊喜的是，季老先生那么忙，竟然会为我这名不见经传的愣头小伙子回信；感动的是，季老这封信表达的对家乡先贤的景仰之情，并希望武训精神得到更好的发扬光大。季先生在信中说“武训先生为千古奇人，素所景仰”，并谈及当年对《武训传》批判的看法。季先生还表达了对武训先生故乡人民的问候，让我代他“向全庄武氏族人致意”。从信中，我们感受到老人那颗平易而又善良的心，以及他对那场批判的态度和认识，寄希望于我们一定要把武训先生的精神传承下去。季羡林先生为纪念武训先生题写了“千古奇人，高山仰止”八个大字。这八个大字公正的评价了武训先生的历史功绩，肯定了武训先生在中外教育文化史上的地位。后来季先生的墨宝刻成纪念碑立在了武训故居前，前来参观的人看到季老题词莫不啧啧称赞。

20 世纪 90 年代初，冠县出了个效法武训先生办学的“义学痴”——么富江，在他办学陷入困境的时候，他曾到北大，拜望了季羡林先生。季先生对这个来自武训先生家乡的晚辈格外赏识，将为武训故乡题写的“千古一人，柳林腾辉”条幅交给他，再次表达了对武训先生的崇敬和武训家乡的美好祝愿。

1991 年秋，季羡林先生到聊城参加傅斯年学术研讨会。会议期间，季先生又与张政烺、王利器、何兹全等专家学者驱车到柳林参观了武训纪念馆，拜谒了武训先生墓。他们参观时的留影，作为珍贵图片资料，我一直精心收藏着。

1995 年的冬天，受武训故居纪念馆筹备组委托，我和大哥武成君又专程赴北京拜望季老。那天天气格外冷，未名湖已结了厚厚的冰。我们为早点见到季老，冒险踩着冰，径直来到朗润园前。非常庆幸，季老在家，他热情地接待了我们。我们向季老转达了家乡人民的问候和敬意，说明来意后，并把筹备组的聘书呈送给老人家。季老非常高兴地接下了聘书，饶有兴致地跟我们讲了些武训先生的轶事。临近春节，怕过多打扰季老先生工作，我们便向季老匆匆道别。季老依依不舍地把我们送到门外。此时此地，此情此景，尽管外面是寒风凛冽，但我们心里却洋溢着暖暖的春意。

1996 年，柳林武训墓园修建了武训先生兴学歌亭，已是 85 岁高龄的季羡林先生又欣然题写了亭额：武训魂。

今年恰逢季羡林先生逝世 10 周年，我将这段往事写出来，借以表达对季老的不能忘却的怀念。

李蔑林先生笔下的家乡

赋得永久的悔

题目是韩小蕙小姐出的，所以名之曰“赋得”。但文章是我心甘情愿作的，所以不是八股。

我为什么心甘情愿作这样一篇文章呢？一言以蔽之，题目出得好，不但实获我心，而且先获我心：我早就想写这样一篇东西了。

我已经到了望九之年。在过去的七八十年中，从乡下到城里；从国内到国外；从小学、中学、大学到洋研究院；从“志于学”到超过“从心所欲不逾矩”，曲曲折折，坎坎坷坷，既走过阳关大道，也走过独木小桥；既经过“山重水复疑无路”，又看到“柳暗花明又一村”，喜悦与忧伤并驾，失望与希望齐飞，我的经历可谓多矣。要讲后悔之事，那是俯拾皆是。要选其中最深切、最真实、最难忘的悔，也就是永久的悔，那也是唾手可得，因为它片刻也没有离开过我的心。

我这永久的悔就是：不该离开故乡，离开母亲。

我出生在鲁西北一个极端贫困的村庄里。我们家是贫中之贫，真可以说是贫无立锥之地。十年浩劫中，我自己跳出来反对北大那一位倒行逆施但又炙手可热的“老佛爷”，被她视为眼中钉，必欲除之而后快。她手下的小喽罗们曾两次窜到我的故乡，处心积虑把我“打”成地主，他们那种狗仗人势穷凶极恶的教师爷架子，并没有能吓倒我的乡亲。我小时候的一位伙伴指着他们的鼻子，大声说：“如果让整个官庄来诉苦的话，季羡林家是第一家！”

这一句话并没有夸大，它说的是实情。我祖父母早亡，留下了我父亲等三个兄弟，孤苦伶仃，无依无靠。最小的一叔送了人。我父亲和九叔饿得没有办法，只好到别人家的枣林里去捡落到地上的干枣充饥。这当然不是长久之计。最后兄弟俩被逼背乡离井，盲流到济南去谋生。此时他俩也不过

十几二十岁。在举目无亲的大城市里，必然是经过千辛万苦，九叔在济南落住了脚。于是我父亲就回到了故乡，说是农民，但又无田可耕。又必然是经过千辛万苦。九叔从济南有时寄点钱回家，父亲赖以生活。不知怎么一来，竟然寻（读若 xin）上了媳妇，她就是我的母亲。母亲的娘家姓赵，门当户对，她家穷得同我们家差不多，否则也决不会结亲。她家里饭都吃不上，哪里有钱，有闲上学，所以我母亲一个字也不识，活了一辈子，连个名字都没有。她家是在另一个庄上，离我们庄五里路，这个五里路就是我母亲毕生所走的最长的距离。

北京大学那一位“老佛爷”要“打”成“地主”的人，也就是我，就出生在这样一个家庭里，就有这样一位母亲。

后来我听说，我们家确实也“阔”过一阵，大概在清末民初，九叔在东三省用口袋里剩下的最后五角钱，买了十分之一的湖北水灾券，中了奖。兄弟俩商量，要“富贵而归故乡”，回家扬一下眉，吐一下气。于是把钱运回家，九叔仍然留在城里，乡里的事由父亲一手张罗。他用荒唐离奇的价钱，买了砖瓦，盖了房子。又用荒唐离奇的价钱，置了一块带一口水井的田地。一时兴会淋漓，真正扬眉吐气了。可惜好景不长，我父亲又用荒唐离奇的方式，仿佛宋江一样，豁达大度，招待四方朋友，一转瞬间，盖成的瓦房又拆了卖砖、卖瓦。有水井的田地也改变了主人。全家又回归到原来的情况。我就是在这个时候，在这样的情况下降生到人间来的。

母亲当然亲身经历了这个巨大的变化。可惜，当我同母亲住在一起的时候，我只有几岁，告诉我，我也不懂。所以，我们家这一次陡然上升，又陡然下降，只像是昙花一现，我到现在也不完全明白。这个谜恐怕要成为永恒的谜了。

不管怎样，我们家又恢复到从前那种穷困的情况。后来听人说，我们家那时只有半亩多地。这半亩多地是怎么来的，我也不清楚。一家三口人就靠这半亩多地生活。城里的九叔当然还会给点接济，然而像中湖北水灾奖那样的事儿，一辈子有一次也不算少了，九叔没有多少钱接济他的哥哥了。

家里日子是怎样过的，我年龄太小，说不清楚。反正吃得极坏，这个我是懂得的。按照当时的标准，吃“白的”（指麦子面）最高，其次是吃小米面或棒子面饼子，最次是吃红高粱饼子，颜色是红的，像猪肝一样。“白的”与我们家无缘。“黄的”（小米面或棒子面饼子颜色都是黄的）与我们缘分也不大。终日为伍者只有“红的”。这“红的”又苦又涩，真是难以下咽。但不吃又害饿，我真有点谈“红”色变了。

但是，小孩子也有小孩子的办法。我祖父的堂兄是一个举人，他的夫人我喊她奶奶。他们这一支是有钱有地的。虽然举人死了，但家境依然很好。我这一位大奶奶仍然健在。她的亲孙子早亡，所以把全部的钟爱都倾注到我身上来。她是整个官庄能够吃“白的”的仅有的几个人之一。她不但自己吃，而且每天都给我留出半个或者四分之一个白面馍馍来。我每天早晨一睁眼，立即跳下炕来向村里跑，我们家住在村外。我跑到大奶奶跟前，清脆甜美的喊上一声“奶奶！”她立即笑得合不上嘴，把手缩回到肥大的袖子，从口袋里掏出一小块馍馍，递给我，这是我一天最幸福的时刻。

此外，我也偶尔能够吃一点“白的”，这是我自己用劳动换来的。一到夏天麦收季节，我们家根本没有什么麦子可收。对门住的宁家大婶子和大姑——她们家也穷得够呛——就带我到本村或外村富人的地里去“拾麦子”。所谓“拾麦子”就是别家的长工割过麦子，总还会剩下那么一点点麦穗，这些都是不值得一捡的，我们这些穷人就来“拾”。因为剩下的决不会多，我们拾上半天，也不过拾半篮子；然而对我们来说，这已经是如获至宝了。一定是大婶和大姑对我特别照顾，以一个四五岁、五六岁的孩子，拾上一个夏天，也能拾上十斤八斤麦粒。这些都是母亲亲手搓出来的。为了对我加以奖励，麦季过后，母亲便把麦子磨成面，蒸成馍馍，或贴成白面饼子，让我解馋。我于是就大快朵颐了。

记得有一年，我拾麦子的成绩也许是有点“超常”。到了中秋节——农民嘴里叫“八月十五”——母亲不知从哪里弄了点月饼，给我掰了一块，我就蹲在一块石头旁边，大吃起来。在当时，对我来说，月饼可真是神奇的东西，龙肝凤髓也难以比得上的，我难得吃上一次。我当时并没有注意，母亲是否也在吃。现在回想起来，她根本一口也没有吃。不但是月饼，连其他“白的”，母亲从来都没有尝过，都留给我吃了。她大概是毕生就与红色的高粱饼子为伍。到了歉年，连这个也吃不上，那就只有吃野菜了。

至于肉类，吃的回忆似乎是一片空白。我姥娘家隔壁是一家卖煮牛肉的作坊。给农民劳苦耕耘了一辈子的老黄牛，到了老年，耕不动了，几个农民便以极其低的价钱买来，用极其野蛮的办法杀死，把肉煮烂，然后卖掉。老牛肉难煮，实在没有办法，农民就在肉锅里小便一通，这样肉就好烂了。

农民心肠好，有了这种情况，就昭告四邻：“今天的肉你们别买了！”姥娘家穷，虽然极其疼爱我这个外孙，也只能用土罐子，花几个制钱，装一罐子牛肉汤，聊胜于无。记得有一次，罐子里多了一块牛肚子。这就成了我的专利。我舍不得一气吃掉，就用生了锈的小铁刀，一块一块地割着吃，慢慢地吃。这一块牛肚真可以同月饼媲美了。

“白的”、月饼和牛肚难得，“黄的”怎样呢？“黄的”也同样难得。但是，尽管我只有几岁，我却也想出了办法。到了春、夏、秋三个季节，庄外的草和庄稼都长起来了。我就到庄外去割草，或者到人家高粱地里去劈高粱叶。劈高粱叶，田主不但不禁止，而且还欢迎；因为叶子一劈，通风情况就能改进，高粱长得就能更好，粮食打得就能更多。草和高粱叶都是喂牛用的。我们家穷，从来没有养过牛。我二大爷家是有地的，经常养着两头大牛。我这草和高粱叶就是给它们准备的。每当我这个不到三块豆腐高的孩子背着一大捆草或高粱叶走进二大爷的大门，我心里有所恃而不恐，把草放在牛圈里，赖着不走，总能蹭上一顿“黄的”吃，不会被二大娘“卷”（我们那里的土话，意思是“骂”）出来。到了过年的时候，自己心里觉得，在过去的一年里，自己喂牛立了功，又有了勇气到二大爷家里赖着吃黄面糕。黄面糕是用黄米面加上枣蒸成的。颜色虽黄，却位列“白的”之上，因为一年只在过年时吃一次，物以稀为贵，于是黄面糕就贵了起来。

我上面讲的全是吃的东西。为什么一讲到母亲就讲起吃的东西来了呢？原因并不复杂。第一，我作为一个孩子容易关心吃的东西。第二，所有我在上面提到的好吃的东西，几乎都与母亲无缘。除了“黄的”以外，其余她都不沾边儿。我在她身边只呆到 6 岁，以后两次奔丧回家，呆的时间也很短。现在我回忆起来，连母亲的面影都是迷离模糊的，没有一个清晰的轮廓。特别有一点，让我难解而又易解：我无论如何也回忆不起母亲的笑容来，她好像是一辈子都没有笑过。家境贫困，儿子远离，她受尽了苦难，笑容从何而来呢？有一次我回家听对面的宁大婶子告诉我说：“你娘经常说：‘早知道送出去回不来，我无论也不会放他走的！’”简短的一句话里面含着多少辛酸、多少悲伤啊！母亲不知有多少日日夜夜，眼望远方，盼望自己的儿子回来啊！然而这个儿子却始终没有归去，一直到母亲离开这个世界。

对于这个情况，我最初懵懵懂懂，理解得并不深刻。到了上高中的时候，自己大了几岁，逐渐理解了。但是自己寄人篱下，经济不能独立，空有雄心壮志，怎奈无法实现，我暗暗地下定了决心，立下了誓愿：一旦大学毕业，自己找到工作，立即迎养母亲，然而没有等到我大学毕业，母亲就离开我走了，永远永远地走了。古人说："树欲静而风不止，子欲养而亲不待。"这话正应到我身上。我不忍想象母亲临终时思念爱子的情况；一想到，我就会心肝俱裂，眼泪盈眶。当我从北平赶回济南，又从济南赶回清平奔丧的时候，看到了母亲的棺材，看到那简陋的屋子，我真想一头撞死在棺材上，随母亲于地下。我后悔，我真后悔，我千不该万不该离开了母亲。世界上无论什么名誉，什么地位，什么幸福，什么尊荣，都比不上呆在母亲身边，即使她一个字也不识，即使整天吃"红的"。

这就是我的"永久的悔"。

1994年3月5日

（原载《光明日报》1994年3月26日）

月是故乡明

每个人都有个故乡，人人的故乡都有个月亮。人人都爱自己的故乡的月亮。事情大概就是这个样子。

但是，如果只有孤零零一个月亮，未免显得有点孤单。因此，在中国古代诗文中，月亮总有什么东西当陪衬，最多的是山和水，什么“山高月小”“三潭印月”等等，不可胜数。

我的故乡是在山东西北部大平原上。我小的时候，从来没有见过山，也不知山为何物，我曾幻想，山大概是一个圆而粗的柱子吧，顶天立地，好不威风。以后到了济南，才见到山，恍然大悟：山原来是这个样子呀！因此，我在故乡望月，从来不同山联系。像苏东坡说的“月出于东山之上，徘徊于斗牛之间”，完全是我无法想象的。

至于水，我的故乡小村却大大地有。几个大苇坑占了小村面积一多半。在我这个小孩子眼中，虽不能像洞庭湖“八月湖水平”那样有气派，但也颇有一点烟波浩渺之势。到了夏天，黄昏以后，我在坑边的场院里躺在地上，数天上的星星。有时候在古柳下面点起篝火，然后上树一摇，成群的知了飞落下来，比白天用嚼烂的麦粒去粘要容易得多。我天天晚上乐此不疲，天天盼望黄昏早早来临。

到了更晚的时候，我走到坑边，抬头看到晴空一轮明月，清光四溢，与水里的那个月亮相映成趣。我当时虽然还不懂什么叫诗兴，但也顾而乐之，心中油然有什么东西在萌动。有时候在坑边玩很久，才回家睡觉。在梦中见到两个月亮叠在一起，清光更加晶莹澄澈。第二天一早起来，到坑边苇子丛里去捡鸭子下的蛋，白白地一闪光，手伸向水中，一摸就是一个蛋。此时更是乐不可支了。

我只在故乡呆了六年，以后就离乡背井，漂泊天涯。在济南住了十多年，在北京度过四年，又回到济南呆了一年，然后在欧洲住了近十一年，重又回到北京，到现在已经四十多年了。在这期间，我曾到过世界上将近三十个国家，我看过许许多多的月亮。在风光旖旎的瑞士莱芒湖上，在平沙无垠的非洲大沙漠中，在碧波万顷的大海中，在巍峨雄奇的高山上，我都看到过月亮，这些月亮应该说都是美妙绝伦的，我都异常喜欢。但是，看到它们，我立刻就想到我故乡中那个苇坑上面和水中的那个小月亮。对比之下，无论如何我也感到，这些广阔世界的大月亮，万万比不上我那心爱的小月亮。不管我离开我的故乡多少万里，我的心立刻就飞来了。我的小月亮，我永远忘不掉你！

我现在已经年近耄耋，住的朗润园是燕园胜地。夸大一点说，此地有茂林修竹，绿水环流，还有几座土山，点缀其间。风光无疑是绝妙的。前几年，我从庐山休养回来，一个同在庐山休养的老朋友来看我。他看到这样的风光，慨然说："你住在这样的好地方，还到庐山干嘛呢！"可见朗润园给人印象之深。此地既然有山，有水，有树，有竹，有花，有鸟，每逢望夜，一轮当空，月光闪耀于碧波之上，上下空濛，一碧数顷，而且荷香远溢，宿鸟幽鸣，真不能不说是赏月胜地。荷塘月色的奇景，就在我的窗外。不管是谁来到这里，难道还能不顾而乐之吗？

然而，每值这样的良辰美景，我想到的却仍然是故乡苇坑里的那个平凡的小月亮。见月思乡，已经成为我经常的经历。思乡之病，说不上是苦是乐，其中有追忆，有惆怅，有留恋，有惋惜。流光如逝，时不再来。在微苦中实有甜美在。

月是故乡明，我什么时候能够再看到我故乡里的月亮呀！我怅望南天，心飞向故里。

1989 年 11 月 3 日

（原载季羡林：《赋得永久的悔》，人民日报出版社 1996 年版，第 54～56 页）

故乡行

楔　子

杜甫诗："人生七十古来稀。"这话对过去来说是符合实际情况的，到了今天，已经不大行了。今天应该说"人生九十今不稀"了。

不知道是由于哪一路神灵的呵护，我竟然活到了九十岁，已经超过了我预算的将及一倍，而且还丝毫没有想打住的意思。这件事就被我那众多的朋友和学生当作了一件大事。于是从去年以来，在将近一年的时间内，我的老少朋友，用多种不同的形式为我祝寿。今年5月，北京大学又为我举行了盛大的祝寿大会，教育部、外交部、山东省政府、聊城和临清市政府的一些领导同志，还有几个国家的大使，都亲自参加。我的老友们和学生们也都参加，不在话下，一时成了一个小规模的盛会。对我自己来说，我既感且愧。藐予小子，有何德能，竟能成为一个"祝寿专业户"！在每次会上，我都兴会淋漓，心潮澎湃；会后却又感到咎愧不安，身疲神倦，这样一直到了今年8月。

今年8月，聊城和临清市的党政领导真挚诚恳地邀请我回故乡庆祝我的九十岁生日。高谊隆情，我无法推掉，我没有别的选择，只有答应一途。在北京想随我回乡的人实在太多，最后，几经思考协商，尽量精简，还是组成了一个相当庞大的队伍，其中有北大原党委常务副书记、副校长郝斌教授，清华大学徐林旗研究员，著名演员、导演、八一制片厂原厂长、女将军王晓棠，中央电视台著名女主持人倪萍，我的助手李玉洁、杨锐和高鸿，我的孙子季泓，以及中央电视台、香港电视台、浙江电视台、山东电视台、电影学院拍摄组、清华大学拍摄组、聊城电视台等等,还有从临清赶来北京迎接我们的工作人员以及聊城和临清驻京办事处的陪同人员。虽不能说是浩浩荡荡,然而气势已经颇有可观了。我这个寿星老眼昏花,只见到一张张满含笑容的面孔,至于究竟谁是谁,我真有点扑朔迷离了。

我是一个考虑问题过分细致的人,常怀杞人之忧,时有临深之惧。这样一个临时拼凑成的队伍,住的地方不在一起,如果通知不能及时普遍地送到,则到车站集合时,必然会七零八落。我因此就惴惴不安。然而当我乘的汽车经过特批开到站台上软卧车厢门口时,所有的人都已先我到达。我大喜过望,心里一块石头落了地,在众人的簇拥下登上了京九线我们包下的软卧车厢。在吉星高照下,火车慢慢地开动。

在车厢中

我们包乘的这一列软卧,大概有九个房间,我们包了八个,其余一个是乘务员使用的。我们三四十个人就分住在八间车厢内。据说这还不够,有一些人还得乘坐硬座。

火车一驶出北京,我就如鱼得水,十分快乐。陶渊明诗:"久在樊笼里,复得返自然。"可以为我的心情写照。我是农民的儿子,但一生住在大城市中,时时渴望能够回到我孩提时所住的农村。"身在曹营心在汉",这个比喻对我来说并不确切,但却约略有相似之处。我在文章中多次讲到喜雨,这并非完全出于文人的雅兴,我关心雨,因为雨是农民的命根子,特别是在我的家乡人工灌溉还不能普遍的地区。今年北方又大旱,这对农民是一个极大的打击。我希望见到农村,但又怕见到的是赤地千里、一片荒芜的农村,心中为之惴惴不安者久矣。

完全出我意料,我在铁路两旁看到的是一片绿色,从北京、河北,一直到山东,绿色千里,生意盎然。我眼睛不好,看不清种的是什么庄稼,只是根据我小时候的印象,能够分清高粱和玉蜀黍而已。田地里不见有多少人在干活,大概是秋收的时间还没有到吧。时见小桥流水,红砖小房,一条条的小路,在浓得化不开的大片浓绿上,画上了一条条的白线,白线上有时看到行人、自行车和拖拉机。村庄中大概也会有鸡鸣犬吠,可是火车上是听不到的。看来整个农村是和平的、安乐的。

回顾车中，则显得十分忙碌、热闹。最忙的是各路人马的电视台。他们有的不远千里而来，就是为了拍摄车中的情景，这是他们的天职，我们只有帮助之义务，没有厌烦之权利。他们有的人穿着崭新的衣服，却不辞劳苦，不避脏物，不时跪在地上拍摄。争抢制高点，争抢最佳视角，竞争并不冲突，抢先而不横闯，忙碌而有序，紧张而有礼。没看到哪个人对哪个人红过脸，说过不好听的话。可是他们争分夺秒却决不含糊。我们这些从各个不同单位来的人，有的是新知，有的是旧友，彼此到屋子里去闲谈，其乐也融融。倪萍那两岁多一点的儿子小虎子，十分逗人喜爱，谁见了谁爱，他也不怕生人，从一间屋走向另一间，他成了大家的“宠物”，为我们的旅途增添了无量乐趣。

盛大的欢迎

在不知不觉中，仿佛一转瞬间，火车就到了我们的目的地，山东临清。临清是我的故乡，但是我这一次并没有“少小离乡老大回”的感觉，因为最近几年我已经回来过好几次了。我忽然想到，中国古代文人学士，特别是那一些出身于穷乡僻壤的人，青年和中年大概都是在大都市里厮混，争名逐利，有的成龙，有的成蛇。到了老年，要下岗退休——当年是不是有“离休”这个词儿？——文雅的说法是“退隐林下”。这是人生中一件大事，所以就特别重视。有地位的人请著名文人赋诗、写文章。我小时候读《古文观止》，就读到过“仕宦而至将相，富贵而归故乡”这样的句子。我是一介书生，既不富，也不贵，将相更不沾边儿。因此，我这次还乡，这样的感觉都是没有的，我的心情只是平静、喜悦，还有点兴奋。

但是，火车刚一停下，我就大大地吃了一惊。临清站不是个大站，站台并不大。然而，就在这个不大的站台上，却挤满了人。据介绍，临清市的党政领导，除万庆阳书记因公出国不能参加外，所有的人几乎全到了：李吉增市长、孙景山人大常委会主任、蒋保江政协主席、洪玉振副书记兼副市长、牟桂禄主任、张连臣部长，以及几位副书记、副市长和其他团体的领导同志，济济一台，都到齐了。这可是我万万没有想到的。我在吃惊之余，心情十分激动，被簇拥着走出了车站，我瞥见办公室内车站工作人员都站在玻璃窗后向外观望，他们大概认为这样的情景是十分稀见的。此时在车厢中曾经出现在我脑海里的那一些古代咏怀返乡的诗词,都一股脑儿被抛到爪哇国里去了,心头只洋溢着故乡人的热情,眼前只看到故乡和煦的阳光,鼻子里只嗅到故乡的清新的空气。

走出车站,看到站前广场中停放着大小不等的汽车十余辆。我们按照招待人员的分配,登上了不同的车。车一开动,才知道第一辆是开道的警车,前面闪着红灯,下面响着喇叭,后面跟着一条汽车长龙,在行人不太多的大马路上,呼啸而过。每隔几十米,就有一个值岗的警察,看到车队,就举手敬礼。我坐在车内,暗自发笑:这与自己的地位多么不配!在北京时,我有时也碰到过这样的场面。在十里长街上,只要一看到岗警增多,不久就能听到警车开道的声音,我们的车赶快退避三舍,乖乖地躲到一旁,目击汽车长龙呼啸而过。这是我们国家领导人迎接外国元首的车队。我坐在自己的车中,悠闲地看马路两旁和中间悬挂的五星红旗和有关国家的国旗迎风招展。今天我自己也竟然坐在车中,让别人来看,真有点不可思议。我蓦地想到了中国老百姓的两句歇后语:"猪八戒做皇帝——望之不似君。"我现在不就像那个猪八戒吗?在内心自我嘲笑中,我们的车队到了下榻的临清宾馆。

官庄扫墓

第二天,就是8月6日,一大早我们就出发到官庄去。

官庄是我诞生的地方,原属清平县。忘记了是建国后的哪一年,清平县建制被撤销,东一半划归高唐县,西一半划归临清,于是我一变而为临清人。我早年写的文章中,常见"清平"这个字眼,读者大都迷惑不解,其根源就在这里。

官庄距临清二十公里。山东公路的数量和质量都蜚声全国。临清到官庄的一段路也是柏油马路,平坦,宽敞,乘汽车四十分钟可到。回乡扫墓,本来是属于个人的私事,用不着兴师动众。可是临清市领导也派了开路的警车,还有一大批官员随行。我是一个上不得台盘的人,最不喜欢摆谱儿,可是这一次又是非摆不行了。但是我无意中发现,汽车的辆数比昨天少多了。虽然依然是招摇过市,但车队的长龙都短了不少。原来,那几个广播电台的工作人员,包括倪萍在内,都在早晨5点就离开临清,直奔官庄,以便抢占拍摄的制高点,拍取独特的镜头。他们这种敬业精神实在让我在心中佩服不已。

我们的车队转瞬就到了官庄。唐人诗:“近乡情更怯,不敢问来人。”原意大概是,当时没有近代的邮局,出门在外,与家人音信难通。天涯游子,一旦回家,家中的情况模糊不清。谁死?谁生?一概不明。走近家乡,忐忑不安,连迎面遇到的人也怯生生地不敢问上两句。我现在却大不相同了,家里的情况,我一清二楚,根本用不着什么“怯”。

实际上,也根本容不得我有什么“怯”。官庄是一个贫困僻远的小村,全村人口不足两千人。今天大概是倾家出动,也可能还有外村来看热闹的人。因此,我们的车一进村,就被人墙堵住,只好下车。只见万头攒动,人声鼎沸,我哪里还来得及“怯”呢?小学生排成了长队,站在两旁,手执小红旗,也学城里的样子,连声不断地高呼:“欢迎!欢迎!热烈欢迎!”红红的小脸蛋上溢满了欢乐、兴奋,还掺杂着一点儿惊异。虽然市或镇政府派来了许多军警来维持秩序,小学生的阵列还不时被后面的观众冲破,于是我面前也挤满了人,挡住了去路。我心中又暗暗地发笑:我有什么可看的呢?不过是一个颓然秃顶白发的九旬老人而已。八十四年以前,当眼前这些小学生的老爷爷、老奶奶还活着的时候,也就是我六岁以前的时候,我曾在这个村里住过六年。当时家里极穷,常年吃不饱,穿不暖。在夏天里,我是赤条条一身无牵挂,根本不知道洗手洗脸为何事。中午时分,跳入小河沟,然后爬上来在黄土堆里滚上几滚,浑身沾满了黄土,再跳入沟中洗干净,就像在影片上看到的什么国家的大象一样。现在,隔了八十多年,那个小脏孩子又回来了,可是已经垂垂老矣。我感觉到,那个小脏孩是我,又不像是我。我有点发思古之幽情了。

然而,时间是异常紧迫的,幽情不容许我发得太久。有几个军警开路,我走进了义德的家。这本是我们家的旧址,义德改建、扩建,才成了现在这个格局,但究竟是什么样子,因为院子里挤满了人,我实在看不出来。我脑海里浮现的是八十多年前的样子:院子里有两棵高过房顶的大杏树,结的是酸杏,当年我的第一个老师——顺便说一句,我到现在也不知道,这个词儿是怎么来的,我那时的境况和年龄都不允许我念书的——马景恭先生常来摘杏吃,同村的一个男孩子,爬上房顶偷杏吃,不慎跌下来,摔断了腿,院前门旁还有一棵花椒树,而今都踪影不见了。这些回忆都是在一刹那间出现的,确实很甜美,但都已经如云如烟,又如海上三山,无限渺茫了。此时院子里人声嘈杂,拥拥挤挤,门框都有被挤断的危险。我只坐了几分钟,就被人扶出来,冲破重围,走出大门。我回头瞥见院内拴着一头大牛,好像还有一辆拖拉机。心里想:义德的小日子大概还过得颇为红火。

我们又坐上了汽车,在人海中驶向墓地。透过车窗看到成百的乡亲们在走捷径,想在我们前面赶到目的地。感谢义德和孟祥的精心安排,墓地上一切都已准备就绪,有供品,有香烛,还有一挂鞭炮。大概还有别的东西,只觉得眼花缭乱,五光十色,一时难以看清了。这里共有两座坟墓,其中之一埋葬着我的祖父和祖母,两个人我都没有见过面。另一座埋葬着我的父母。我最关注的还是我母亲的坟。我一生不知道写过多少篇关于母亲的文章了,我也不知道有多少次在梦中同母亲见面了,但我在梦中看到的只是一个迷离的面影,因为母亲确切的模样我实在记不清了。今天我来到这里,母亲就在我眼前,只隔着一层不厚的黄土,然而却人天悬隔,永世不能见面了,我的眼泪夺眶而出,滴到了眼前的香烛上。我跪倒在母亲墓前,心中暗暗地说:“娘啊!这恐怕是你儿子今生最后一次来给你扫墓了。将来我要睡在你的身旁!”

我站了起来,用迷离模糊的泪眼环视四周。人来得更多了,仿佛比进庄时还要多,里三层,外三层,都瞪大了眼睛,看眼前这一幕“奇景”。各路电视台的人马当然更是不甘落后,各个摆好了架势,大拍特拍。我确实没有看到倪萍。但是我回北京以后不久,看到几个月前倪萍在中央电视台主持的“聊天”节目中我与她聊天的情景,结尾处却出现她在官庄采访老乡们的图像和我跪在母亲墓前的形象,显然是后加上去的。她大概也是在那一天黎明时分离开临清赶到官庄的。

我要离开母亲的墓地了,内心里思绪腾涌。何时再来?能否再来?都是未知数。人生至此,夫复何言!我向围观的成百上千的乡亲们招了招手,表示谢意,赶快钻进了汽车,于上午十点回到了临清,前后只用了两个小时,但是为母亲扫墓的这一幕将会永远永远地印在我的心中。

临清的宴会

最近若干年来,人们常常使用“饮食文化”一词儿。大家习以为常,不加追问,饮食怎样能成为文化呢?饮食与文化有什么关系呢?这是我们必须考虑的问题。

古代的情况,我暂且不谈,只谈清代以来的情况。追求饮食精美的首先

当然是那一批帝王将相和贪官污吏。这一批人只知道把燕窝鱼翅以及其他山珍海味尽量往肚皮里面填。他们其实是一批饮食的蠢材,并不知道什么叫精美。真正懂得饮食精美的是一批文人,但文人往往是阮囊羞涩,兜里没有钱,因而必须依附他人,主要是官僚和商人,后者尤甚。文人是真正懂得饮食精美的,清代袁子才就是一个好例子。郑板桥等"扬州八怪"大概也是如此。但是他们最多只是"七品官耳",有的竟是"布衣"。他们之所以聚集在扬州,因为这里有盐商,各个腰缠万贯,富得流油,偏又想附庸风雅,于是文人与商人相结合,而饮食就愈加精美了。

临清现在只是一个县级市,可过去是阔过的。大运河畅通时,这里是个大码头,有码头就少不了商人,有商人就不少文人,有文人就少不了文化,有文化就少不了饮食的精美,于是文化就同饮食结合了起来。津浦铁路修成通车,大运河几乎已经完全失去了它的重要性。时日既久,除了南段还能通航外,北段的许多地方已经干涸,沧海变桑田了,临清往日的辉煌已成历史陈迹。但是,文化是一种古怪的东西,即使是基础已经不在,它的流风余韵却仍然能够长久地存在,表现在不同的事物上。

临清文化的流风余韵表现在什么地方呢?我觉得,它首先表现在饮食上,更具体一点说,表现在汤上。在全世界吃西餐,一般只上一个汤;吃中餐,也往往只有一个汤。西餐汤先上,中餐汤后上,上的先后虽不同,其为一个汤则一致。在临清却不然,每餐都是上许多汤,据知情人告诉我,汤的种类可以达到四十多个。这样许多汤,当然不能一餐上齐。谁也没有弥勒佛的大肚子,一次能容得下这些汤。往往是一餐只上三四个汤,以至六七个汤,不过让客人浅尝辄止而已。

我们这一次来到了临清,就尝到了临清的汤。《三国演义》上说,曹操招待关公,三日一小宴,五日一大宴。我们现在在临清都是一日三大宴,这是超特级的待遇。关公端坐在关帝庙里,想必也会羡慕我们,而怨曹操待他太薄。8月4日中午,我们这一队包括几十口子人的杂牌军,刚到临清下火车,临清市党政领导立即为我们准备了盛大的洗尘午宴。在清渊餐厅里摆了十几桌酒席,在桌子中间转盘上摆上了二十八个小碟,荤素全有。第一道菜上的就是一碗汤,我们都认为这是应有之仪,没有怎么去注意。但是,在以后陆续上其他菜时,中间又穿插着上不同的汤,碗碗味道不同。这就引起了我们的注意和思考:怎么有这么多汤呀!这在别的地方是从来没有见过的。

以后一打听，才知道，这就是临清饮食文化的特点。山有根，水有源。世间万事万物没有没有根源的。临清喝汤文化的根源何在？我目前还没有时间和兴致去详细考证——由它去吧。

除了汤以外，其他菜肴也都颇为精美，极具临清的特色我无法一一描绘。但是，更使我们感动的却是主人的热情。每次宴会，都有一位临清市或聊城市的领导来主持。他端然坐在主人座上，我坐在他的右面，这是首席贵宾的座位。主持宴会最多的当然是李吉增市长，此外还有聊城市张秋波市长、赵立银秘书长，还有从济南来的省领导董凤基、王克玉等等。他们无疑都是大忙人，然而却竟为我这一个已经成为九十老翁的返乡游子花费这样多的时间，我心里实在感到非常抱歉。我原来以为，这样盛大的宴会只能在接风和送行时才有，可是我错了，这样的宴会天天有。我原来又以为，这样盛大的宴会只在午餐和晚餐时举行，可是我又错了，连每天的早餐也是如此。我并不是什么高官显宦，他们无所求于我。他们之所以这样做，并无丝毫私心杂念，无非是想对我表示纯真的敬意，这一点我是受之有愧的。再说到汤，它是每次宴会都必须有的。每次上七八个，好像是每一次都不太重复。至于我们究竟渴了多少种，我实在无法统计。在好像是按照二十八宿摆列成的小菜碟的圆形阵中，点缀上一碗接一碗的风味各有不同的汤，实在是一种特殊的享受。我相信，在全中国，只有在临清才能享受到的。

宴会之所以令人难忘，还不仅仅是由于汤多，而主要是由于热烈的气氛。比如说，在宴会上互相祝酒，本来是常见的事情，也是不可或缺的事情。但在一般宴会上，不过是点到为止，彼此心照不宣。可我们山东人多半是老实巴交的人，我家乡也不例外。他们敬起酒来，其势勇猛，全力以赴，不似点水的蜻蜓，而像下山的猛虎。酒量大的，还能抵挡一下；酒量小的，三杯入肚，就会出洋相。有一个问题，我一直不理解：为什么中国人在宴会一定要千方百计地让客人醉倒出丑，大说胡话，或者竟出溜到桌子底下，爬不起来？劝酒者有的白开水当酒，欺骗对方，口中还念念有词：交情浅，舔一舔；交情深，闷一闷。两个人可能是最好的朋友，劝酒决无恶意，可是何以竟这样恶作剧呢？其中道理，我始终不明白，敬请心理学家或比较文化学家去探讨一下，或者竟召开一个国际讨论会，来予以解答。这会给世界学术做出重大贡献的。

回头再谈临清的宴会。我生平不嗜杯中物，也不敢说滴酒不沾。在宴

会我一般是以水代酒。从一开始，我就关门守住，高挂免战牌，不给对手以任何进攻的机会。来到临清，我也是这样做的。但是，即使我只喝白开水，敬酒者仍然是络绎不绝。遵照中国的传统礼节，别人来敬酒，被敬者必须站起来回敬。我自然不敢例外。我连连起立，主持宴会的主人看了不忍心，力劝我坐着不必起立。我也就顺水推舟，倚老卖老了。但是仍然不胜其烦。左边出现了一只敬酒的酒杯，我连忙举杯喝上一口白开水；右边又出现了一只，我又喝上一口白开水。有时候几只酒杯同时并举，我只好连连喝白开水，最后肚子喝得胀胀的，侵占了美味佳肴的位置。于是那些美味佳肴，包括著名的汤在内，也难以挤入肚中了。结果，天天食前方丈，天天不饥不饱。

我感谢临清的宴会，也害怕临清的宴会。

祝寿大会

祝寿是我这一次回乡的重点，当然也就是临清和聊城两市领导精心策划的重点。

8月6日——我在这里想顺便说明一件事情：我的生日从旧历折成公历是8月2日。由于一次偶然的笔误，改成了6日，让我少活了四天——算是我的生日。祝寿大会当然这一天举行，地点就是临清宾馆的礼堂。我不知道，这座礼堂是什么时候建筑起来的。即使是旧建筑，经过了整理修饰，目前是金碧辉煌，雕梁画柱，一派繁荣富丽的气象。人来人往，个个笑容满面，喜上眉梢。贺客不但盈门，而且盈楼、盈堂。我在这里只能使用两句常用的套话：群贤毕至，少长咸集。只有这两句话能描绘当时情况于万一。

会场的布置也不落俗套。不是把主席台摆在舞台上，只有几个显要人物能坐在那里，高高在上，其余的人通通坐在下面，对台上的人可望而不可即。如果再在主席台前摆上几株花木，那么主席台与群众的距离，就会显得更远，从下面看上去，“山在虚无缥缈间”了。今天在临清宾馆，在舞台下面大厅里用桌子围成了一个四方形的场子，场子中间摆上了一些花木，贺客围场而坐，没有一个人走上舞台，大家都在一个平面上活动，更显得亲切。

我被簇拥着坐在了舞台前一排桌子正中间的座位上，面对礼堂的入门。我座位的左右两旁依次坐着省里来的领导、聊城市的领导、聊城师范学院的领导、临清市的领导。大概是因为来人太多，无法一一把来宾都介绍给我这个寿星老。我瞥见右手桌前坐着一位穿大校军装的人，估计只能是聊城市部队的首长某某师长。我看到身着少将军服的王晓棠走上前去同他握手，我想，他们事前未必就已经认识了，只因同隶属解放军，见面倍感亲切，自然而然地就会握手交谈了。最使我感动的是不远数百里从济南赶来的董凤基同志和王克玉同志；不远数十里从聊城赶来的张秋波同志、赵立银同志、赵润生同志、程玉海同志等等。尤其必须提出的是老友欧阳中石和张臣京夫妇，还有山东大学校长展涛教授等等。展涛教授从济南运来的大花篮凝聚着上千上万山大校友的情谊和热诚，使我感动不已。我端坐在寿星老的位子上，脑海里懵懵懂懂，心里忐忑不安，又是激动，又是兴奋，又是快乐，又是自愧，最后各种情绪搅汇成一团，不知道究竟是什么滋味了，也不知道自己究竟置身于什么地方了。

祝寿会一开始，首先走进来的是两队男女小学生，年龄不过八九十来岁，都穿洁白整齐的衣服，脖子上的红领巾闪烁着耀目的红光。为首的是一个女孩，一个男孩。他们都站在方形会场的中间，首先向我举起右手行队礼，从容、大方，满面含笑，毫无拘谨之态。现在拘谨的倒是我了。我在喜悦、兴奋，又有点不知所措中，迷迷糊糊，没有能听清楚他们朗诵的是什么，好像是一首诗，我只听到季爷爷这，季爷爷那，满篇都是季爷爷，季爷爷长寿等当然是不能缺少的。我站了起来，同他们握手。如果不是被桌子挡住的话我真想拥抱他们，每一个男女小孩，我都想拥抱。在我的眼中，他们才是“最可爱的人”。在间不容发的紧迫中，在一刹那间，我不由自主地、像闪电似的想到了许多事情。我一生同小孩子有缘，我喜欢小孩子，小孩子也喜欢我，我曾写了几篇专门谈小孩子的文章，其中《三个小女孩》被选入一些教科书中，流传久远。我对故乡的小孩子当然会更有一种特殊的感情。若干年前，每年“六一”和新年，我都要到书店里去选购最新出版的儿童读物，每次都在百本以上，寄到我的诞生地临清（原清平县）的官庄。我并非厚此而薄彼。我的能力有限，只能先从最近处做起。买这样的书还不仅仅是一个钱的问题，我希望能够买得最新最全，因此曾多次不远数十里从北京西郊跋涉到王府井新华书店，买好了书，然后再由几个人抬着到附近邮局里去包好寄出，买一次总要用掉半天的时间。我的主观愿望是未可厚非的、无懈可击的。我幻想先在官庄小学建成一个小小的图书馆然后再扩大到康庄，扩大到临清。如此买了几年，书的总数应该有两三千本了，我陶醉于自己的乌托

邦中。可是有一年我回官庄，满以为能在小学罩看到一个小小的图书馆了。实际上却是竹篮子打水一场空，我一本书也没能看到。这些书到哪里去了呢？在这里我不必细说了。我仿佛当头挨了一棒，“大梦我先觉”，从此我就停止寄书了。今天在这个祝寿会上，我见到了这些可爱的男女小孩子，往事一下子涌上心头。我下定决心，要给这些可爱的孩子们做一些对他们有利的事情。

祝寿会仍然继续进行下去。我在这里必须补上一笔。刚才小学生朗诵诗的时候，我一时喜从中来，眼泪夺眶而出。其实光用“喜”这一个字，是非常不够的，不止是“喜”，当时心情十分复杂，用什么语言也表达不清楚，反正决不是“悲”。后来听玉洁说，她也流了眼泪，而且她还说，她的眼泪是非常值钱的，决不轻易流的。我猜想，当时流泪的决不会只有我们两个人。我现在坐在那里，静静地听各方面代表的发言。但是听小学生朗诵诗时的感情余波未息，仍然荡漾于我的心中。最近几年来，当然是由于年纪大的缘故，耳朵出了点毛病，并不是聋，因为别人说话我还能听到。但是有时候，特别是当对方说话有地方口音的时候，或者外国友人说外国话的时候，我往往只能听到声音，而不能听懂意思。可见我的问题不在耳朵，而在脑筋。最近参加座谈会，我连一半都听不懂，所以视座谈为畏途。这一点年轻人是难以理解的，等到他们能理解的时候，他们自己大概已经是耄耋老人了。

我静听各位朋友的发言，有的激昂慷慨，声音极高，我听懂的就多一点。有的轻声细语，慢条斯理，我听懂的就少一些。无论是声音高，还是声音低。内容完全是赞颂之词，这一点是完全可以理解的。我决不是一个完全没有虚荣心的人，我也决不是一个完全淡泊名利的人。只不过是，由于我运气好，在四十多岁风华正茂的时候，在学术界里，在大学里，所有最高的荣誉和工资级别，我全已拿到了手。因此在那以后不知道有多少次的评职称、评工资级别的活动中，我都表现出一种淡泊的态度，从来不与人争。这并非由于我的人品高，而是由于我已经争无可争，我已经到了头，还能争些什么呢？最近若干年来，我吉星高照，出了几本关于我的传记，报纸杂志上有很多关于我的文章，还有几顶让我脸红的桂冠，我实在觉得内疚不安。一有机会，我就要告诉读者：我没有那么好，没有那么了不起，书上和报刊上的话，只信一半就不少了。如果说我真有什么优点的话，那就是我还能有一点自知之明。我能吃几碗饭，我心里是明白的。今天我听许多朋友的发言，我心里想的就是上面这些东西。朋友们决不会欺骗我的，他们对我也是无所求的，他们讲的都是他们心中想说的真话，这一点我一点都不怀疑。我感谢他们，认为他们的话都是对我的鼓励。他们讲的不是我已经到达的境界，而是我应该到达的境界。

临了该我这个寿星老发言了。我性格内向，参加大会时，总想找一个旮旯儿躲了起来。新中国成立以来，运动频仍，不得不发言的时候越来越多了，于是在讲话或发言方面得到了多方面的锻炼。不管是多大的场面我从来不准备什么发言稿，也从没有怯场的感觉。在国外上千人的学术研讨会上，我登台用外语发表演说，据说还能够有条有理，不蔓不枝。因此，我自觉在讲话方面我是见过大世面的，登过大台盘的。然而，到了今天，在自己的家乡，在几百人的会上，轮到我致答词了，我却作了难。感情激动万分，思绪千头万端，不知道从哪里说起，心颤抖而难安，口嗫嚅而难言，勉强开了个头，又不知道怎样继续下去。结果是头顶上一榔头，屁股上一棒槌，语无伦次颠三倒四，勉强讲完，自己也不知道究竟说了些什么。朋友们和乡亲们决不会让我下不了台，照样鼓掌如仪。这是我生平最失败的一次发言。有人整理出来，刊登在《临清周报》上，我至今不敢再看一遍。几个文艺表演之后，祝寿大会就告结束。我走出会场，仿佛是腾云驾雾。

祝寿晚会

祝寿大会应该说是本次祝寿活动的高峰。但是，还有一座次高峰，就是祝寿晚会。

晚会的时间就在当天晚上，地点就在上午开会的礼堂里。地点虽然相同，但是布置却大大改观了。方形的会场不见了，代之以成排的椅子。我就被安排在第一排椅子的正中的一把上，在同一排就座的还有王晓棠、郝斌等等北京来的客人。中石夫妇宛如神龙见首不见尾，他们连午饭也没有吃，就离开了临清，害得一大批书法爱好者抱着成捆的宣纸，守候在他的房间门外，“望尽千帆皆不是”，最后只有怅然离开的，晚会上当然见不到中石和臣京的踪影。倪萍也是神出鬼没，不知道是在什么时候悄然离开，晚会上也当然见不到她的面。徐林旗同样不知道是在什么时候出走的。两天前浩浩荡荡的“北京大军”，到了今天晚会上已经“溃不成军”了。

但是，这并没有很影响晚会的气氛。他们如果都在，这当然是天大的喜事。可他们都是忙人，能挤出时间陪我来临清，我已经是非常“感恩戴德”了。再要求他们始终如一留在这里，那无疑是非分的要求了。我初进会场就发现人数比上午还要多。除了椅子上都坐满了人以外，站在两旁的人更是里三层外三层，挤得水泄不通。因为我到孟祥家里去看了看，因此来迟了一点。我在第一排中间一落座，晚会就立即开始。

舞台上好像没有布幕，不像在别的地方那样，晚会开始前观众只能看到舞台上拉得严严密密的布幕。不久，主持人先在两块大布幕接头处撩开一道缝探出脑袋，然后全身走出，大声宣布晚会开始。最后，大幕拉开，晚会真的开始了。今天却没有这些麻烦。台上电灯照得光亮胜过白昼，工作人员忙忙活活，走来走去，下面的观众看得一清二楚。时间一到，报幕人站在舞台正中的边上，向下面高声宣布即将上演的节目。宣布完毕，他一退场，演员立即就上场了。

今天晚上的表演，内容相当丰富，有京剧，有独唱，有戏剧小品，有印度舞，等等。节目应该说是中外兼顾，古今杂陈，是很可观的。但是，最初在我心里，我并没有多少信心。我心想，临清这个小地方还能拿出多么有水平的作品来吗？不过是蹦蹦跳跳，热闹一番，聊表庆祝之意而已。可是，我完全错了。一场京剧清唱，唱小生的那一位演员，听来水平一般，没有什么动人之处，但是，唱老生的那一位却是一鸣惊人，字正腔圆，声遏行云，获得满堂喝彩。京剧我稍懂一点，一听就知道演唱者是一位行家。一打听才知道，他是临清戏校出身，后来到济南去，终于唱红了。这一次特别从济南赶回来为我祝寿，参加演唱。我心里十分感动。接着是一群小孩子在舞台上跳跳蹦蹦，大翻其跟头，不知道表演的是什么。但是，从翻跟头的技巧上来看决不是一般小孩子的玩意儿，而是训练有素的。我一打听，才知道他们是临清戏校的学员，是专家，而不是客串。我心里当然又十分感动。

最使我感动的，也是最出我意外的还是印度舞。大概是临清的主人们知道我是研究印度的，研究印度哲学、宗教、文学、艺术的，所以特别安排了这样一个节目。印度这个国家，是同中国并称的文明古国，文学艺术有许多独到之处，远非其他国家所能望其项背，而舞蹈则简直可以说是独步天下。一部《舞论》是印度文艺理论集大成之作，然而却以“舞”名之，可以窥见其中消息。实际上“舞蹈”和“戏剧”在词源学上实为同一来源。一直到今天，印度电影曾一度风靡世界，几乎没有一部没有舞蹈场面的电影。我曾六下天竺，几乎走遍了印度全境，到处都能看到舞蹈。印度舞蹈有很多不同的派别，派派各见特色，而精妙绝伦则一也。我曾同一些印度著名的舞蹈家谈过话，男女都有，知道在印度当一名舞蹈家并不容易。光是训练时间就长达数年，有舞蹈天才者并不多见，要想在成千上万的舞蹈家中崭露头角，更是"难于上青天"。我曾在中国驻印度大使馆中看一位著名的青年女舞蹈家表演，表演完毕，应该吃一点点心，喝一点水了。但是对送上来的鲜美冰激凌，她却一口也不尝。我吃惊地问她为什么，她坦然回答说，吃了怕发胖，影响了自己婀娜的身材，从而影响了舞蹈的效果。这种对艺术的执着与忠诚，使我慨叹不已。总之，通过半生的观察与经验，我深知印度舞蹈之艰难苦辛。不意在远离印度万里的中国的并不能算是通都大邑的临清，在今天的晚会舞台上，竟出现了印度舞，我只能借用德国人常用的一个词儿"愉快的吃惊"来表达我此时的心情了。我决不相信，临清戏校的课程表上会有"印度舞蹈"这一项。这一定是为了庆祝我的寿辰临时抽调了几个男女儿童加紧训练出来的。我对于印度舞蹈看得多了，也略知一二。看这几个跳印度舞的儿童，虽然不能像印度舞蹈家那样炉火纯青，然而一举手，一投足，还真蛮像那么一回事，我十分高兴。我此时的心情，怎能用"感动"二字了得。看到这几个儿童那认真的模样和天真的笑容，我的眼泪不禁夺眶而出。

最后一个登台的是王晓棠将军。她年轻时是电影演员，曾在影片《野火春风斗古城》饰过重要角色，为广大电影爱好者所倾慕。后来担任导演，任八一电影制片厂厂长。她最新导演的一部影片《芬芳誓言》，曾在多处放映过。今年夏天，王晓棠和王宸带着影片，来北大放映。观看的人，只要我遇到的，没有一个人不流泪的，影片感人的程度是空前的。现在这一部影片已经获得了所有的电影奖。在这之前，我曾写过一篇影评《欢呼"芬芳誓言"》，刊登在《人民日报》上。我这一次返乡，王晓棠就带着这部影片来到临清放映。她得胜回朝，今天下午已经同我话别。我万没有想到，她竟在上火车前还参加了这次祝寿晚会，又登台朗诵自己写的祝寿的诗。她这种热情怎能不让我这个耄耋老人万分感动呢？

无论是小孩子的舞蹈和表演，还是王晓棠的朗诵，歌词我都听不清楚但有两个字我是能够听清楚的，这就是"季老"。好像所有的演唱都只是一个主旋律，而这个主旋律就是"季老"。我在上面曾多次、很多次使用"惭愧"或

"内疚"这样的词儿。世间无论什么东西,重复过多就会令人生厌,这一点我是非常清楚的。我在这里之所以这样重复,完全是出自内心的真实感受,不这样做,内心就会十分不安,决无半点虚假的成分。自感九十年以来,我确实做过一些有益的事情,也确实犯过不少的错误;但是我决没有做过半点对不起我们伟大祖国的事情,即使冒一些可能是很大的风险,也在所不惜。然而,祖国人民对我的回报却远远超出了我个人认为应该有的水平。这一次回到故乡,更使我惊诧不已。今天的晚会上对我的颂赞更使我坐立不安。我一介书生,无权无势,无论是市领导对我的热情接待,还是小孩子们对我的赞颂,决不可能有任何功利目的,连一丝一毫也不会有的。区区不佞对他们会有什么好处呢?他们完全是出自一片真诚,没有一点要求回报之意。我虽已年届九旬,还希望再活上若干年,能为我们祖国,为我的故乡,为故乡的这些可爱的孩子,竭尽全力,做一点有益的事情。

晚会结束后,我不由自主地走上了舞台,想对今天参加表演的大小演员们表示我的由衷的谢意。刚才坐在下面的时候,礼堂里开着空调,放着冷气,没有丝毫炎热之感。但是,一登上舞台,一股热浪立即扑面而来。原来舞台上照明灯极多,每盏都放射出高低不同的热量。如果照明灯少,热量就不会太大,但是,舞台上几乎是布满了照明灯,加在一起,其热量就十分可观了,而且舞台还不能通风。演员们是在火焰山下载歌载舞,而坐在下面的观众,包括我自己在内,只是欣赏舞台上的轻歌曼舞,又哪里会想到台上演员们的苦恼呢?刚才我坐在下面的时候,看到一个小男孩穿一身皮袄在表演,这是剧情的需要,谁也改变不了的。小男孩认真表演,满面含笑,他身上承受的热度只有他一个人能够知道。我现在上了台,才看清所有的大小演员的脸上都流满了汗珠。同他们握手的时候,他们的手像刚从水里拿出来一样,也是流满了汗水。我一时心潮腾涌,眼泪落到了他们手上。

我走下了舞台,又是一阵震耳欲聋的鼓掌声,祝寿晚会到此就结束了。整个的祝寿活动到此也算是结束了。愉快、兴奋感激、愧疚的心情,伴我进入梦中。

环游临清市

昨晚的祝寿晚会标志这次祝寿活动的终结。今天,8 月 7 日,是我们预定回京的日期。我们仅有几个小时的“自由活动”的时间;但是,李市长、赵秘书长等还给我们安排了参观市容的活动。

我们这个“代表团”的成员已经走掉了一半。临清本是文化古城,有许多著名的旅游景点。已经离开的人们大概早已抽空参观过了。他们都是能活动的人物,像清真寺、舍利塔、鳌头矶等等名闻遐迩的著名的景点,他们绝不会放过的。

一吃过早饭(顺便说一句,这一顿早饭又是一次盛大的宴会),我们的车队立即出发。由于人数减少了,车队已经不能排成像初到时那样一条长长的龙,而只能排成一条短龙了。即使是这样,仍然是警车开道,呼啸过市。我们的车队只在“季羡林资料馆”停下来了一次,让大家进去看了看,然后又登车前进,再也没有停过一次。在马路上有时候能看到空中有横跨街道两旁的红色大布标,上面的字样是:庆祝季羡林先生九十华诞。据说,有人问过街旁卖冰棍儿小女孩:“你知道这是什么事情吗?”小女孩答道:“给季老过生日。”由此可见,从临清一直到官庄,大概都把这件事当作一件大事来操办的,所以才几乎无人不知。至于我自已怎样想,上面已经屡屡提到,这里不再重复了。

我们的时间有限,而且这一次出行的目的也不是游逛著名的旅游景点,而是让我们了解一下临清市的全貌。因此车队一路向前行驶,陪伴我们的主人随时向我们讲解点什么,指点点什么。我们不是“春风得意马蹄疾,一日看遍长安花”,而是“夏风吹暖车轮疾,半日看遍临清市”。我们看到的是宽阔的马路,十分洁净;是两旁新建的高楼,光彩照人。我注意到,连属于现代大城市标志的美容院之类的店铺,路旁也能够看到。这确有点出我意料。我确实没有想到,在现代大都市里流行的舶来品美容院之类的玩意儿竟也传到了临清来,由此也可以看出临清的现代化水平。在京杭大运河畅通的千百年中,临清是运河上的大码头,商贾辐辏,人物麇集,车水马龙,歌吹沸天,是阔过一阵子的。津浦铁路一旦修通,陆路交通代替了水上航运,于是临清逐渐失去了往日的辉煌。七十年前,我初次到临清时,已经是一片破败没落的景象,没有人会想到当年的辉煌了。中华人民共和国的成立给临清带来了生机。但是,据我的猜想,给临清带来真正大转机的恐怕还是改革开放。最近十几年来,我总共回家四次,旧貌换新颜,一次比一次显著。今天是我最近两次还乡的最后一天,我感到临清已经具备了一个现代化城市的

几乎所有的条件，其规模当然比不上有上千万人口的大城市，但是一个只有二十万人口的小都市已经有现在这样的规模，我这个境外的游子能不由衷地感到欣慰吗？

我们的车队继续前进。我们看到马路两旁有许多空地，这在北京市内是万难见到的。北京市内，寸土如金，盖新房子，地皮难寻。近年来进行了多次的危房改造工程，改造的大都是小胡同、大杂院，房子都是平房，占地多，住人少。大杂院中，又脏又乱，居民之间矛盾又多，谈不上什么安定团结。所谓“改造”，实际上就是拆迁。拆迁之后，搬迁户大多移居高楼之中。这样腾出来的地面多半用于绿化。这种办法无疑是十分正确的，完全符合现代潮流的。临清大概也存在着危房改造的问题，但是决不会太严重。这里有足够的地面，可以绿化，可以建房。这一点是使我们这些从大都市来的“外星人”感到十分快慰的。

最让我们，特别是我感到高兴的是，我们在一条大马路旁一片很大的空地上，看到了临清大学的校址。大学虽然还没有正式成立，但是许多楼房已经拔地而起。现在挂的虽然是聊城师范学院临清分院的招牌，但是，我相信在若干年以后，一座崭新的临清大学会在这里出现。我们再往前走，又看到在远处的空地上耸立着一座红白相间的小楼。据陪同人员介绍，这是临清的监狱和收容所。我们北京来的人都不禁大为兴奋：怎么，这竟是监狱？楼里面什么情况，我们不得而知，但是仅从外表上来看就颇有吸引人的地方。我们大家互相开玩笑说：我们到这里来蹲监狱吧！笑话终归是笑话，谁也不会当真的。但是，从这个笑话中也可以看出，北京来的人对临清的建设是非常满意的。

我们只用了一个多小时就遍游了临清的新区。回到宾馆以后，又进行了一项可以说惊师动众的活动：全体人员合影。这几乎是在每一次大会上都不可或缺的节目。看上去相当简单，不就是大家坐下来或者站着一起照相吗？事实上却不是这样。我是一个开会的专家，近五十年来，我参加的大大小小的会议不计其数。几乎每次开会都必须合影留念。我曾在中南海一块大草坪上同数百名各界人士合过影。那几次合影确实是秩序井然的，因为是以我们直立半小时为代价的。在其余的会后合影时情况则完全不同。指挥摄影的人左右奔跑，高声呼喊，然而效果甚微。你说：“大家请静一静！”然而那些特立独行的男女人士却偏要交头接耳。你说：“大家请看看我！”他们却偏要左顾右盼。你说:“大家请赶快就座!”他们却偏要姗姗来迟。左边的秩序整理好了,右边又乱了起来;前面的秩序整顿好了,后面又乱了起来。等到费尽千辛万苦,把相照完,即使是在冬天,指挥者的额头上也会淌下了汗珠。我暗想,宁愿指挥千军万马,也不指挥几百人合影。然而,今天在临清,情况却完全不同。合影者共六七十人,也不是一个很小的数目。然而,指挥者却胸有成竹,指导有方,干净利落,一转瞬间而合影完成,我似乎还没有反应过来,我潜意识里想的大概还是过去那一套我和北京来的人都有点吃惊。小中可以见大。我们窃窃私议我们共同的印象是:临清现在这一批领导干部,年纪轻,学位高,热情足,干劲大,他们都不会是“笼中鸟”,“堂中人”,他们都将有更辉煌的前途。合影以后,是我们北京“代表团”离开临清的时候了。临清市的李吉增市长、聊城市的赵立银秘书长,率领着将近二十位临清市人大常委、市政协以及其他组织的领导干部,又是警车开路,送我们到了车站。在送行的人中,我看到两位同出生于官庄的人大常委会副主任马景瑞和赵永春。我们都是几十年的老朋友了。他们对我的拳拳之情,我是感觉到的,并且永远不会忘记。火车一到,我们都登上了车。同这一群可爱的人分手,我并没有什么通常会有的离情别绪,塞满了我的脑腔的是感激和愧怍。我季羡林有何德何能,竟蒙我的父老乡亲这样的关爱。今后我唯有再多活上一些年,再多努力一些年,再多勤奋一些年,能够为我们临清、我们山东、我们中国做出点有益的工作,庶能回报故乡父老乡亲的高谊隆情于万一。

我沉思在京九路上。

(原载季羡林:《有憾无悔》,中国工人出版社 2010 年版,第 271～290 页)

五样松抒情

——《还乡十记》之三

我对家乡的名胜古迹已经非常陌生了。我从来没有听说有什么五样松。在看到五样松前一秒钟，我在汽车上才第一次听到这名字。当时我们刚离开临清县城，汽车正在柏油马路上飞也似的行驶。司机突然把车刹住，回头问我们，愿不愿意看一看五样松。“五样松”，多奇怪的名称！我抬眼一看：在一片绿油油的棉花田中间，一棵古松巍然矗立在中间，黛色逼人，尖顶直刺入蔚蓝的天空。它仿佛正在向我们招手。我们这一群人都异口同声地答应，要去看一看这一棵从来没有听说过的奇松。我们的车立刻沿着田间小径开到古松下。

我看到古松，一下子就想到杜甫《古柏行》中的名句：

孔明庙前有老柏，
柯如青铜根如石。
苍皮溜雨四十围，
黛色参天二千尺。

这棵古松是否有四十围，我没有去量。但是，一看就能知道，几个人也合抱不过来。它老得已经空了肚子。据说，农村的小孩子常常到它肚子里去打扑克。下雨的时候，就到里面去避雨，连放牧的羊也可以牵到里面去。这就可以想见，古松肚子有多么大了。

天下的名松，我见过的不知道有多少了。泰山的五大夫松，黄山的迎客松、送客松、盘龙松、蒲团松、黑虎松、连理松，以及一大串著名的松树，我都亲眼看到过。翻开我国历代的地方志和名山志，几乎每一个地方，每一座名山，都有棵把有名的古松。古今很多文人写过不知多少篇有关松树的脍炙人口的绝妙文章；而许多画家更喜欢画松树。孔子还说过："岁寒，然后知松柏之后凋也。"对松树给了很高的评价。可见松树在古往今来的中国人心目中占有多么重要的地位。

但是，五样松这样的松树却从来还没有听说过。我见到的那一些名松哪一棵也比不上它。我对生物学知识极少。一棵松树上长两种叶子，这个我是见到过的。三种、四种的就不但没有见过，而且也没有听说过。现在一棵树上竟长上五种不同的叶子，岂不是有点"骇人听闻"吗？

这棵古松之所以不寻常，还不仅仅在于它长着五种叶子，而且也在于它的年龄。据说，这一位老寿星已经活了有两千年。我没有根据相信这种说法，也没有根据不相信。如果真是这样的话，那么，中国有五千年的历史，它就占了五分之二。它站在这个地方，一动不动；但是，我相信，在这样漫长的时间内，它总在睁大了眼睛，注视着，观察着。不管春、夏、秋、冬，它的枝叶总是那样浓绿繁茂，它好像从来没有睡过觉。谁能数得清，它究竟亲眼看到了多少重大的历史事件、重要的历史人物呢？它一定看到过汉末的黄巾起义；起义士兵头上缠的黄巾同它那苍郁的绿色，相映成趣。它一定看到过胡马北来、晋室南渡的混乱情景。它一定看到过就在离开它不远的大运河里隋炀帝南下扬州使用宫女拉着走的龙舟，想必也是五彩缤纷，令人眼花缭乱。它一定看到过隋末群雄并起逐鹿中原的滚滚狼烟。它一定看到过在长达一千多年的时间内大运河中南来北往的上千上万的船只，里面坐着争名逐利的官员，或者上京赶考的举子；有的喜形于色，得意洋洋；有的愁眉苦脸，垂头丧气。它当然也一定看到过宋景诗起义和太平天国北伐，刀光火影，就闪亮在身旁。它一定看到过这，一定看到过那，它看到过的东西太多太多了，数也数不清。这个老寿星真是饱经沧桑，随着中国人民之乐而乐，随着中国人民之忧而忧，说它是中国历史的见证者，不是很恰当吗？

然而，正如每一个国家、每一个人一样，这一棵古松的经历也决不会是一帆风顺的。过去那样漫长的时间不去说它了，据本地的同志说，就在几年以前，松树肚子里忽然失了火。它的肚子本来已经空成了一个烟筒。现在火在里面一燃起，风助火势，火仗风威，再加上烟筒一抽，结果是火光熊熊，浓烟弥漫。人们赶了来，费了很大劲，也没有把火扑灭。后来什么人想出了一个办法，用湿泥巴在松树肚子里从下面往上糊，终于把火扑灭了。人们在松一口气之余，都非常担心：这个老寿星已届耄耋之年，它还能经受起这一

场巨大的灾难吗？它的生命大概危在旦夕了。然而不然。它安然度过了这一场灾难。今天我们看到它，虽然火烧的痕迹赫然犹在，但它却仍然是枝叶繁茂，黛色逼人，巍然矗立在那里，尖顶直刺入蔚蓝的天空。

我觉得，它好像仍然睁大了眼睛，注视着，观察着。但是，它现在看到的东西，不但不同于古代，而且也不同于几年前。辽阔的鲁西北大平原，一向是一个穷苦的地方。解放前，每一次饥荒，就不知道有多少人下关东去逃荒。我们家里就有不少的人老死在东北。在解放后的“十年浩劫”期间，人们的日子也难过。地里当然也种庄稼；但都稀稀落落，很不带劲。熟在地里，收割得也很粗糙。人们大都懒洋洋地精神不振。农民几乎家家闹穷，看不到什么光明的前途。然而现在却真是换了人间。农民陡然富了起来。棉田百里，结满了棉桃，白花花地一大片。白薯地星罗棋布，玉米田接陌连阡。农民干劲，空前高涨。不管早晚，见缝插针。从前出工，要靠生产队长催。现在却是不催自干。棉桃掉在地里没人管的现象，再也见不到了。整个大平原，意气风发，一片欢腾，这些动人的情景，老寿星一定会看在眼里，在高兴之余，说不定也会感叹一番罢。

我的眼前一晃，我恍惚看到，这个老寿星长着五种不同叶子的枝子，猛然长了起来，长到我的眼睛看不到的地方：一个枝子直通到本县的首府临清，一个枝子直通到本地区的首府聊城，一个枝子直通到山东的首府济南，一个枝子直通到中国的首都北京，还剩下一个枝子，右边担着初升的太阳，左边担着初升的月亮，顶与泰山齐高，根与黄河并长。因此它才能历千年而不衰，经百代而常在。时光的流逝，季候的变换，夏日的炎阳，冬天的霜霰，在它身上当然留下了痕迹。然而不管是春秋，还是冬夏，它永远苍翠，一点没有变化。看到它的人，都会不自觉地挺直了腰板，无穷的精力在心里汹涌，傲然面对一切的挑战。

对着这样一位老寿星，我真是感慨万端，我的思想感情是无法描述的。但是，我们还要赶路。我们在树下只呆了几分钟，最后只有恋恋不舍地离开了它。回头又瞥见它巍然矗立在那里，黛色逼人，尖顶直刺入蔚蓝的天空。

我将永远做松树的梦。

（原载《季羡林全集》第二卷，外语教学与研究出版社 2009 年版，第 430～433 页）

母与子

一想到故乡，就想到一个老妇人。我自己也觉得奇怪：干皱的面纹，霜白的乱发，眼睛因为流泪多了镶着红肿的边，嘴瘪了进去。这样一张面孔，看了不是很该令人不适意的吗？为什么它总霸占住我的心呢？但是再一想到，我是在怎样的一个环境里遇到了这老妇人，便立刻知道，她不但现在霸占住我的心，而且要永远地霸占住了。

现在回忆起来，还恍如眼前的事。——去年的初秋，因为母亲的死，我在火车里闷了一天，在长途汽车里又颠荡了一天以后，又回到八年没曾回过的故乡去。现在已经不能确切地记得是什么时候，只记得才到故乡的时候，树丛里还残留着一点浮翠；当我离开的时候就只有淡远的长天下一片凄凉的黄雾了。就在这浮翠里，我踏上印着自己童年游踪的土地。当我从远处看到自己的在烟云笼罩下的小村的时候，想到死去的母亲就躺在这烟云里的某一个角落里，我不能描写我的心情。像一团烈焰在心里烧着，又像严冬的厚冰积在心头。我迷惘地撞进了自己的家。在泪光里看着一切都在浮动。我更不能描写当我看到母亲的棺材时的心情。几次在梦里接受了母亲的微笑，现在微笑的人却已经睡在这木匣子里了。有谁有过同我一样的境遇的么？他大概知道我的心是怎样地绞痛了。我哭，我哭到一直不知道自己是在哭。渐渐地听到四周有嘈杂的人声围绕着我，似乎都在劝解我。都叫着我的乳名，自己听了，在冰冷的心里也似乎得到了点温热。又经过了许久，我才睁开眼。看到了许多以前熟悉现在都变了但也还能认得出来的面孔。除了自己家里的大娘婶子以外，我就看到了这个老妇人：干皱的面纹，霜白的乱发，眼睛因为流泪多了镶着红肿的边，嘴瘪了进去……

她就用这瘪了进去的嘴，一凹一凹地似乎对我说着什么话。我只听到

絮絮地扯不断拉不断仿佛念咒似的低声，并没有听清她对我说的什么。等到阴影渐渐地从窗外爬进来，我从窗棂里看出去，小院里也织上了一层朦胧的暗色。我似乎比以前清楚了点。看到眼前仍然挤着许多人。在阴影里，每个人摆着一张阴暗苍白的面孔，却看不到这一凹一凹的嘴了。一打听，才知道，她就是同村的算起来比我长一辈的，应该叫做大娘之流的我小时候也曾抱我玩过的一个老妇人。

以后，我过的是一个极端痛苦的日子。母亲的死使我对一切都灰心。以前也曾自己吹起过幻影：怎样在十几年的漂泊生活以后，回到故乡来，听到母来的一声含有温热的呼唤，仿佛饮一杯甘露似的，给疲惫的心加一点生气，然后再冲到人世里去。现在这幻影终于证实了是个幻影，我现在是处在怎样一个环境里呢？——寂寞冷落的屋里，墙上满布着灰尘和蛛网。正中放着一个大而黑的木匣子。这匣子装走了我的母亲，也装走了我的希望和幻影。屋外是一个用黄土堆成的墙围绕着的天井。墙上已经有了几处倾地的缺口，上面长着乱草。从缺口里看出去是另一片黄土的墙，黄土的屋顶，黄土的街道，接连着枣树林里的一片淡淡的还残留着点绿色的黄雾，枣林的上面是初秋阴沉的也有点黄色的长天。我的心也像这许多黄的东西一样地黄，也一样地阴沉。一个丢掉希望和幻影的人，不也正该丢掉生趣吗？

我的心，虽然像黄土一样地黄，却不能像黄土一样地安定。我被圈在这样一个小的天井里：天井的四周都栽满了树。榆树最多，也有桃树和梨树。每棵树上都有母亲亲自砍伐的痕迹。在给烟熏黑了的小厨房里，还有母亲没死前吃剩的半个茄子，半棵葱。吃饭用的碗筷，随时用的手巾，都印有母亲的手泽和口泽。在地上的每一块砖上，每一块土上，母亲在活着的时候每天不知道要踏过多少次。这活着，并不渺远，一点都不；只不过是十天前。十天算是怎样短的一个时间呢？然而不管怎样短，就在十天后的现在，我却只看到母亲躺在这黑匣子里。看不到，永远也看不到，母亲的身影再在榆树和桃树中间，在这砖上，在黄的墙，黄的枣林，黄的长天下游动了。

虽然白天和夜仍然交替着来，我却只觉到有夜。在白天，我有颗夜的心。在夜里，夜长，也黑，长得莫明其妙，黑得更莫明其妙，更黑的还是我的心。我枕着母亲枕过的枕头，想到母亲在这就枕头上想到她儿子的时候不知道流过多少泪，现在却轮到我枕着这枕头流泪了。凄凉零乱的梦萦绕在我的四周，我睡不熟。在朦胧里睁开眼睛，看到淡淡的月光从门缝里流进来，反射在黑漆的棺材上的清光。在黑影里，又浮起了母亲的凄冷的微笑。我的心在战栗，我渴望着天明。但夜更长，也更黑，这漫漫的长夜什么时候过去呢？我什么时候才能看到天光呢？

时间终于慢慢地走过去。——白天里悲痛袭击着我，夜间里黑暗压住了我的心。想到故都学校里的校舍和朋友，恍如回望云天里的仙阙，又像捉住了一个荒诞的古代的梦。眼前仍然是一片黄土色。每天接触到的仍然是一张张阴暗灰白的面孔。他们虽然都用天真又单纯的话和举动来对我表示亲热，但他们哪能了解我这一腔的苦水呢？我感觉到寂寞。

就在这时候，这老妇人每天总到我家里来看我。仍然是干皱的面纹，霜白的乱发，眼睛镶着红肿的边，嘴瘪了进去。就用瘪了进去的嘴一凹一凹地絮絮地说着话，以前我总以为她说的不过是同别人一样的劝解我的话，因为我并没曾听清她说的什么。现在听清了，才知道从这一凹一凹的嘴里发出的并不是我想的那些话。她老向我问着外面的事情，尤其很关心地问着军队的事情，对于我母亲的死却一句也不提。我很觉到奇怪。我不明了她的用意。我在当时那种心情之下，有什么心绪同她闲扯呢？当他絮絮地扯不断拉不断地仿佛念咒似的说着话的时候，我仍然看到母亲的面影在各处飘，在榆树旁，在天井里，在墙角的阴影里。寂寞和悲哀仍然霸占住我的心。我有时也答应她一两句。她于是就絮絮地说下去，说，她怎样有一个儿子，她的独子，三年前因为在家没有饭吃，偷跑了出去当兵。去年只接到了他的一封信，说是不久就要开到不知道哪里去打仗。到现在又一年没信了。留下一个媳妇和一个孩子。（说着指了指偎她身旁的一个肮脏的拖着鼻涕的小孩。）家里又穷，几年来年成又不好，媳妇时常哭……问我知道不知道他在什么地方。说着，在叹了几口气以后，晶莹的泪点顺着干皱的面纹流下来，流过一凹一凹的嘴，落到地上去了。我知道，悲哀怎样啃着这老妇人的心。本来需要安慰的我也只好反过头来，安慰她几句，看她领着她的孙子沿着黄土的路踽踽地走去的渐渐消失的背影。

接连着几天的过午，她总领着她孙子来看我。她这孙子实在不高明，肮脏又淘气。他死死地缠住她。但是她却一点都不急躁。看着她孙子的拖着鼻涕的面孔，微笑就浮在她这瘪了进去的嘴旁。拍着他，嘴里哼着催眠曲似的歌。我知道，这单纯的老妇人怎样在她孙子身上发见了她儿子。她仍然絮絮地问着我，关于外面军队里的事情，问我知道她儿子在什么地方不。我

也很想在谈话间隔的时候,问她一问我母亲活着时的情形,好使我这八年不见面的渴望和悲哀的烈焰消熄一点。她却只"唔唔"两声支吾过去,仍然絮絮地扯不断拉不断地仿佛念咒似的自己低语着,说她儿子小的时候怎样淘气,有一次,他打碎一个碗,她打了他一掌,他哭得真凶呢。大了怎样不正经做活。说到高兴的地方,也有一线微笑掠过这干皱的脸。最后,又问我知道她儿子在什么地方不。我发见了这老妇人出奇的固执。我只好再安慰她两句。在黄昏的微光里,送她出去。眼看着她领着她的孙子在黄土道上踽踽地凄凉地走去。暮色压在她的微驼的背上。

就这样,有几个寂寞的过午和黄昏就度过了。间或有一两天,这老妇人因为有事没来看我。我自己也受不住寂寞的袭击,常出去走走。紧靠着屋后是一个大坑,汪洋一片水,有外面的小湖那样大。是秋天,前面已经说过。坑里丛生着的芦草都顶着白茸茸的花。望过去,像一片银海。芦花的里面是水。从芦花稀处,也能看到深碧的水面。我曾整个过午坐在这水边的芦花丛里,看水面反射的静静的清光。间或有一两条小鱼冲出水面来唼喋着。一切都这样静。母亲的面影仍然浮动在我眼前。我想到童年时候怎样在这里洗澡;怎样在夏天里,太阳出来以前,水面还发着蓝黑色的时候,沿着坑边去摸鸭蛋;倘若摸到一个的话,拿给母亲看的时候,母亲的微笑怎样在当时的童稚的心灵里开成一朵花;怎样又因为淘气,被母亲在后面追打着,当自己被逼紧了跳下水站在水里回头看岸上的母亲的时候,母亲却因了这过分顽皮的举动,笑了,自己也笑。……然而这些美丽的回忆,却随了母亲给死吞噬了去。只剩下一把两把的眼泪。我要问,母亲怎么会死了?我究竟是什么东西?但一切都这样静。我眼前闪动着各种幻影。芦花流着银光,水面上反射着青光,夕阳的残辉照在树梢上发着金光:这一切都混杂地搅动在我眼前,像一串串金星,又像迸发的火花。里面仍然闪动着母亲的面影,也是一串串地,——我忘记了自己,忘记了一切,像浮在一个荒诞的神话里,踏着暮色走回家了。

有时候,我也走到场里去看看。豆子谷子都从田地里用牛车拖了来,堆成一个个小山似的垛。有的也摊开来在太阳里晒着。老牛拖着石碾在上面转,有节奏地摆动着头。驴子也摇着长耳朵在拖着车走。在正午的沉默里,只听到豆荚在阳光下开裂时毕剥的响声,和柳树下老牛的喘气声。风从割净了庄稼的田地里吹了来,带着土的香味。一切都沉默。这时候,我又往往遇到这个老妇人，领着她的孙子，从远远的田地里顺着一条小路走了来，手里间或拿着几支玉蜀黍秸。霜白的发被风吹得轻微地颤动着。一见了我，立刻红肿的眼睛里也仿佛有了光辉。站住便同我说起话来。嘴一凹一凹地说过了几句话以后，立刻转到她的儿子身上。她自己又低着头絮絮地扯不断拉不断的仿佛念咒似的说起来。又说到她儿子小的时候怎样淘气。有次他摔碎了一个碗。她打了他一掌，他哭得真凶呢。他大了又怎样不正经做活。说到高兴的地方，干皱的脸上仍然浮起微笑。接着又问到我外面军队上的情形，问我知道他在什么地方、见过他没有。她还要我保证，他不会被人打死的。我只好再安慰安慰她，说我可以带信给他，叫他家来看她。我看到她那一凹一凹的干瘪的嘴旁又浮起了微笑。旁边看的人，一听到她又说这一套，早走到柳荫下看牛去了。我打发她走回家去，仍然让沉默笼罩着这正午的场。

这样也终于没能延长多久，在由一个乡间的阴阳先生按着什么天干地支找出的所谓“好日子”的一天，我从早晨就穿了白布袍子，听着一个人的暗示。他暗示我哭，我就伏在地上咧开嘴嚎啕地哭一阵，正哭得淋漓的时候，他忽然暗示我停止，我也只好立刻收了泪。在收了泪的时候，就又可以从泪光里看来来往往的各样的吊丧的人，也就嚎啕过几场，又被一个人牵着东走西走。跪下又站起，一直到自己莫名其妙，这才看到有几十个人去抬母亲的棺材了。——这里，我不愿意，实在是不可能，说出我看到母亲的棺材被人抬动时的心痛。以前母亲的棺材在屋里，虽然死仿佛离我很远，但只隔一层木板里面就躺着母亲。现在却被抬到深的永恒黑暗的洞里去了。我脑筋里有点儿糊涂，跟了棺材沿着坑走过了一段长长的路，到了墓地。又被拖着转了几个圈子……不知怎样脑筋里一闪，却已经给人拖到家里来了。又像我才到家时一样，渐渐听到四周有嘈杂的人声围绕着我，似乎又在说着同样的话。过了一会儿，我才听到有许多人都说着同样的话，里面杂着絮絮地扯不断拉不断的仿佛念咒似的低语。我听出是这老妇人的声音，但却听不清她说的什么，也看不到她那一凹一凹的嘴了。

在我清醒了以后，我看到的是一个变过的世界。尘封的屋里，没有了黑亮的木匣子。我觉得一切都空虚寂寞。屋外的天井里，残留在树上的一点儿浮翠也消失到不知哪儿去了。草已经都转成黄色，耸立在墙头上，在秋风里打颤。墙外一片黄土的墙更黄；黄土的屋顶，黄土的街道也更黄；尤其黄

的是枣林里的一片黄雾，接连着更黄更黄的阴沉的秋的长天。但顶黄顶阴沉的却仍然是我的心。一个对一切都感到空虚和寂寞的人，不也正该丢掉希望和幻影吗？

又走近了我的行期。在空虚和寂寞的心上，加上了一点绵绵的离情。我想到就要离开自己漂泊的心所寄托的故乡。以后，闻不到土的香味，看不到母亲住过的屋子、母亲的墓，也踏不到母亲曾经踏过的地。自己心里说不出是什么味。在屋里觉得窒息，我只好出去走走。沿着屋后的大坑踱着。看银耀的芦花在过午的阳光里闪着光，看天上的流云，看流云倒在水里的影子。一切又都这样静。我看到这老妇人从穿过芦花丛的一条小路上走了来。霜白的乱发，衬着霜白的芦花，一片辉耀的银光。极目苍茫微明的云天在她身后伸展出去，在云天的尽头，还可以看到一点点的远村。这次没有领着她的孙子。神气也有点儿匆促，但掩不住干皱的面孔上的喜悦。手里拿着有一点红颜色的东西，递给我，是一封信。除了她儿子的信以外，她从没接到过别人的信。所以，她虽然不认字，也可以断定这是她儿子的信。因为村里人没有能念信的，于是赶来找我。她站在我面前，脸上充满了微笑；红肿的眼里也射出喜悦的光，瘪了进去的嘴仍然一凹一凹地动着，但却没有絮絮的念咒似的低语了。信封上的红线因为淋过雨扩成淡红色的水痕。看邮戳，却是半年前在河南南部一个做过战场的县城里寄出的。地址也没写对，所以经过许多时间的辗转。但也居然能落到这老妇人手里。我的空虚的心里，也因了这奇迹，有了点生气。拆开看，寄信人却不是她儿子，是另一个同村的跑去当兵的。大意说，她儿子已经阵亡了，请她找一个人去运回他的棺材。——我的手战栗起来。这不正给这老妇人一个致命的打击吗？我抬眼又看到她脸上抑压不住的微笑。我知道这老人是怎样切望得到一个好消息。我也知道，倘若我照实说出来，会有怎样一幅悲惨的景象展开在我眼前。我只好对她说，她儿子现在很好，已经升了官，不久就可以回家来看她。她喜欢得流下眼泪来。嘴一凹一凹地动着，她又扯不断拉不断地絮絮地对我说起来。不厌其详地说到她儿子各样的好处；怎样她昨天夜里还做了一个梦，梦着他回来。我看到这老妇人把信揣在怀里转身走去的渐渐消失的背影，我再能说什么话呢？

第二天，我便离开我故乡里的小村。临走，这老妇人又来送我。领着她的孙子，脸上堆满了笑意。她不管别人在说什么话，总絮絮地扯不断拉不断地仿佛念咒似的自己低语着。不厌其详地说到她儿子的好处，怎样她昨天夜里还做了一个梦，梦见她儿子回来，她儿子已经升成了官了。嘴一凹一凹地急促地动着。我身旁的送行人的脸色渐渐有点露出不耐烦，有的也就躲开了。我偷偷地把这信的内容告诉别人，叫他在我走了以后慢慢地转告给这老妇人，或者简直就不告诉她。因为，我想，好在她不会再有许多年的活头，让她抱住一个希望到坟墓里去吧。当我离开这小村的一刹那，我还看到这老妇人的眼睛里的喜悦的光辉，干皱的面孔上浮起的微笑。……

不一会，回望自己的小村，早在云天苍茫之外，触目尽是长天下一片凄凉的黄雾了。

在颠簸的汽车里，在火车里，在驴车里，我仍然看到这圣洁的光辉，圣洁的微笑，那老妇人手里拿着那封信。我知道，正像装走了母亲的大黑匣子装走了我的希望和幻影，这封信也装走了她的希望和幻影。我却又把这希望和幻影替她拴在上面，虽然不知道能拴得久不。

经过了萧瑟的深秋，经过了阴暗的冬，看死寂凝定在一切东西上。现在又来了春天。回想故乡的小村，正像在故乡里回想到故都一样。恍如回望云天里的仙阙，又像捉住了一个荒诞的古代的梦了。这个老妇人的面孔总在我眼前盘桓：干皱的面纹，霜白的乱发，眼睛因为流泪多了镶着红肿的边，嘴瘪了进去。又像看到她站在我面前，絮絮地扯不断拉不断地仿佛念咒似的低语着，嘴一凹一凹地在动。先仿佛听到她向我说，她儿子小的时候怎样淘气，怎样有一次他摔碎了一个碗，她打了他一巴掌，他哭。又仿佛看到她手里拿着一封雨水渍过的信，脸上堆满了微笑，说到她儿子的好处，怎样她做了一个梦，梦着他回来……然而，我却一直没接到故乡里的来信。我不知道别人告诉她她儿子已经死了没有，倘若她仍然不知道的话，她愿意把自己的喜悦说给别人；却没有人愿意听。没有我这样一个忠实的听者，她不感到寂寞吗？倘若她已经知道了，我能想象，大的晶莹的泪珠从干皱的面纹里流下来，她这瘪了进去的嘴一凹一凹地，她在哭，她又哭晕了过去……不知道她现在还活在人间没有？——我们同样都是被恶运踏在脚下的苦人，当悲哀正在啃着我的心的时候，我怎忍再看你那老泪浸透你的面孔呢？请你不要怨我骗你吧，我为你祝福！

1934年4月1日

（原载《季羡林全集》第一卷，外语教学与研究出版社2009年版，第33～42页）

《临清市志》序

现在全国有条件的省、市、县，都在编纂地方志。这是一件很有意义的好事。这是在经济初步繁荣以后，希望对本地区的历史、文化等等方面有所了解的迫切心情的自然流露。中国历来有修地方志的传统，历千年而不衰，遍神州而无遗。这在世界上是绝对独一无二的，值得大大地赞美和发扬。当然，我们今天的修志，同旧的修志的传统，不能说没有一点联系，不能说没有继承关系。但是最根本的最重要的事实是，我们不是继承，而是创新，是在崭新的政治和经济的形势下的创新，是为了建设更美好的社会的创新。

我们中华地大物博，历史悠久，炎黄文化，彪炳千秋，影响广被，无远弗届。这是举世的公言，非我一家之私言。因此，前不久弘扬中华优秀文化的口号一经提出，立即得到各方面的热烈响应。弘扬中华文化，不仅仅是为了中国一国，为了中华一族，而是为了整个世界和整个人类的前途。谁也无法想象，如果没有中华文化，现在的世界文化会成一个什么样子。

弘扬中华文化之道多端。以中国之大，文化内容之丰富，弘扬决不能毕其功于一役，成其事于一地。有力量有条件的省、市、县都应该先弄清自己的文化家底。我在这里说的文化是广义的，所有的政治、经济、文学、艺术、语言、科技、哲学、宗教，甚至社会风习，凡是含有精华成分的，都属于文化范畴。只有在这样摸清一个地区家底的基础上，全国的文化的家底才能具体而细致地摸清楚。只有摸清楚全国的家底，真正的弘扬才能谈到。这道理是再清楚不过的。而编纂地方志正是摸清家底的最有效的办法。

其次，现在大家都同感，必须给广大青年，甚至一些中老年进行爱国主义的教育。在中国历史上，爱国主义成为传统，由来已久，在全世界上罕见其匹。原因是在中国历代都有外敌侵略蹂躏中国人民。存在决定意识。于是就逐渐形成了浓烈的爱国主义。如果没有外敌的话，哪里还需要什么爱国主义？到了近代，西方资本主义国家侵略成性，利用自己的坚船利炮，破门而入，把中国变成了半殖民地。我们人民受剥削，受侮辱，忍气吞声，挣扎于水深火热之中，吃尽了苦头。到了今天，一般老年人还记忆犹新，而青年人则生长于蜜水之中，逐渐忘记了这一切。同他们说起这些情况，有的人甚至吃惊得瞪大了眼睛，好像是在听海外奇谈。他们崇洋媚外，唯洋是务。我们常说：好了疮疤忘了痛。在这些青年身上根本没有什么疮疤，当然更谈不到痛不痛了。他们只觉得洋货可爱，洋餐好吃，洋国可留，洋人可亲。连莫名其妙的"可口可乐"之类也居然风靡全国。在旧社会是洋人树立牌子，上书："华人与狗，不许入内！"现在是中国人自己干这样的勾当，岂不可哀哉！又岂不大可怪哉！然而，只要睁眼一看，滔滔者天下皆是矣。屈原所谓"黄钟毁弃，瓦釜雷鸣"，不就是这样子吗？中国老祖宗留下的给全人类带来幸福的、被全世界人民所公认的好东西，则对不起，统统忘掉了。我们将何以对后世子孙！我并不是说，现在每个人都是这样，那不是事实。可是，特别是青年中，崇洋媚外者实繁有徒。有识之士怆然忧之，一致认为，进行爱国主义教育，已经刻不容缓了。我们也并不是盲目地排外。外国的一切好东西，我们还是要学习的。文化交流是促进人类社会进步的重要手段，这一点大家是明白的。

进行爱国主义教育也是其道多端。我个人认为，要想爱国，必先爱乡；乡而不爱，何从谈国！我在小学读书的时候，有一门课程，叫做"乡土"，专讲本地区的文化、历史，以及各方面的情况。我学了以后，觉得非常亲切、有味，受益良多。后来不知道为什么，忽然不见了。记得我们国家领导人也曾经谈到恢复乡土课的问题。我觉得，这是非常正确、极有远见的意见。全国各省、市、县应该尽快恢复这种做法。这个课程只限于小学或者中学，不必占过多的时间。每周一小时，一年足矣。我相信，谈说本地文化，介绍本地风光，学生听起来必然感到亲切、有味。爱乡之心，必然油然而生。乡相联而成国，在潜移默化中，既然爱乡，还能不爱国吗？乡土课的教材从哪里来呢？就是过去千百年来已经编纂过的现在又在编纂的省、市、县志。为了当前的经济建设，我们也必须摸清本地区有关这方面的家底，而编纂地方志正是达到这个目的的最好的办法。

基于以上三大原因——其他原因当然还会有一些的——，编纂地方志

的工作确实应该提到议事日程上来了。

我们临清市，在这方面不甘后人，已经由市领导机构组成编纂《临清市志》的班子，工作了一段时间，初稿已经写出来了，作为临清游子，我感到欢欣和骄傲。

我们临清市，在过去一千多年的历史上，曾经是中国南北交通大动脉运河上的经济文化重镇。文人学士、达官贵人、贩夫走卒、赶考举子，只要是从南方进京，几乎无不通过临清。遥想当年舟舶星聚，帆影云展；麈闬扑地，歌吹沸天；车水马龙，商贾联翩。景象何等繁忙动人！我们临清，南通苏杭，北连皇都；会八方之风雨，通百邑之有无，地位又何等重要！在这样的情况下，这里的经济、文化空前发展，是很自然的结果。

但是，曾几何时，津浦铁路修通了，运河的重要意义降低了。南来北往过往人士，很少再来临清。南北商品的运输任务，也自然而然地转移到铁路上去。临清的经济发展当然受到阻碍，文化发展也随之受到影响。虽然还没有到一蹶不振的地步，但当年盛况则杳如云烟了。中国过去常讲气运；一个朝代，一个地区，都有气运，而气运又会转变，这决不是迷信之谈。气运是由物质环境和内部矛盾所决定的，不相信是不行的。我们临清由盛而衰，也是气运使然。

但是，文化是能够积淀的。在我们临清，过去文化的积淀迄今依然到处可见。这具体地表现在很多方面。比如，我们文人墨客的流风余韵，依然浓烈存在。能诗词善书画者，不但有老年人，也有中青年人。自忠碑林开始筹建了，书画社已经创办了，与外地的书画家联合发起书画展也已开端了，这都引起了人们的注意。大家都承认，饮食是一个国家，一个民族文化的最具体、最鲜明的表现。世界各国无不重视饮食文化。在这方面，我们临清也有独特的贡献。到过这里的外地人，对我们肴馔之丰美，花样之繁多，无不交口称誉。在我们宴会上能一气端上八九十种口味各异的菜汤。这在全国也是仅见的。此外，我们在饮食方面还有不少的特产，也是遐迩闻名的。文化的积淀当然不仅仅限于以上几种。文化是与经济有密切联系的。我们经济和文化的发展潜力是异常雄厚的，这一点我们绝对不应该忘记，我们应该有绝对的信心。

环顾当今世界大势，最近一个时期以来，亚洲几条小龙的腾飞，引起了全世界普遍的注意。他们为什么能腾飞呢？大家一致认为，他们都十分重视文化教育工作，这是最主要的原因。可是文化教育的发展又必须有经济振兴作为基础。这难道不成了鸡与蛋的关系吗？我认为，不完全是。文化教育与经济确实是互相依赖的。但没有鸡与蛋那样谁先谁后的问题。只要双方并重，双管齐下，则矛盾并不难解决，互相促进之效可以立收。再加上一些外部的有利条件，则经济必然腾飞，文化必然昌盛，其势不得不然也。

经济的发展，专就物质基础而论，一取决于原料，二取决于交通。现在，我们临清面临的形势是，根据地质勘探，我们市境以内，有丰富的地下矿产蕴藏，石油和天然气都有。在交通方面，疏浚大运河之声，洋洋乎盈耳，而国家修建的京（北京）九（九龙）铁路，要经过临清；一旦地下资源得到开发，交通能够畅通，再大力发展教育文化事业，努力培养建设人才，并千方百计地引进中外的尖端科技，使地下资源得以充分利用；小而至于土特产品的生产和推销，饮食文化的弘扬，也决不忽视。能做到这一步，则我们临清市的经济腾飞必将指日可待，文化教育的进一步的腾飞，也将同时出现，我们市将成为北方的经济文化重镇，成为一条天马行空般地飞腾的龙，对我们伟大祖国的建设事业也将做出重要的贡献。届时，舍利塔将再放光辉，鳌头矶将显雄姿。当年极盛时期的情景，不但得以重现，而且还将大大地超过。岂不猗欤盛哉！

现在，我们的市志已经编成，对我们市的历史、文化、政治、经济等等各方面的情况，都摸清了底。这将大大地有利于弘扬中华文化，大大地有利于进行爱国和爱乡的教育，大大地有利于进行经济建设。这是一件艰巨而伟大的工作，对其意义怎样评价也不会过高。我们下一步的任务就是行动。我相信，在目前的领导班子领导之下，全市人民必然会意气风发，力争上游，把我们的各项工作做好。我虽已老迈驽钝，“肯将衰朽惜残年”，我还有信心看到我上面所谈的那样的日子的到来，看到梦想成为现实。我愿追随诸君子之后，竭尽绵薄，为自己的桑梓之邑作最后的冲刺。是为序。

1992 年 2 月 24 日

（原载《中国地方志》2006 年第 1 期）

《清渊诗词》序

清渊诗社成立五周年了。对诗社本身来说，这当然值得庆祝。对临清市来说，我认为，也是值得庆祝的。

临清自古为鲁西文化经济重镇，风流余韵，辉耀齐鲁。可惜时移世变，津浦铁路一修成，大运河又部分断了流，这对临清经济和文化的发展，当然产生了剧烈的消极的影响。在经济方面，大有一蹶不振之势。但是，文化命脉从未中断。在比较艰苦的条件下，能诗善书画之士，接踵兴起，各领风骚。我市曾与北京大学在北京海淀举行书画联展，一时誉满京西，成为艺坛佳话。这在山东全省也是难能可贵的。

为什么能出现这种情况呢？地方历史文化积累雄厚，这是基础。在这个基础上，一些有识之士，在离退休之后，不甘饱食终日，而是老骥伏枥，志在千里，奔走呼号，惨淡经营，终于组成了清渊诗社、枣花书画社等文学艺术团体。即以清渊诗社而论。创建以后，于今五载。以文会友，大扇诗风，成为临清文坛上一重要组织。如果要评功摆好，胡雷同志之功，决不可泯。他宝刀不老，壮心不已，踔厉风发，所向无前，创诗社，建碑林，为我们临清市增添了光辉。

现在我国正努力振兴经济，初步成果，光照寰宇。但窃以为对文化事业是有所忽视。综观全球，远之如日本之所谓明治维新，近之如亚洲之几小龙，经济腾飞，无不文化经济并举。纯靠科技而能兴国者，未之闻也。

现在我们临清市，既抓经济，又抓文化。民间组织如清渊诗社等等，从旁鼓吹，真如锦上添花。现在社会上流行着两句话："文化搭台，经济唱戏"。大意似有所针砭。我看，我们临清的情况则是，文化和经济同时搭台，文化和经济同时唱戏，这是一条阳光大道。有朝一日，我们必能文化和经济双丰收，这是完全可以预卜的。

在祝贺临清诗社成立五周年，祝贺《清渊诗选》出版之际，偶有所感，简述如上。希望乡亲们和同志们能了解我的心情。

季羡林

1992年11月26日

《大运河文学丛书》总序

季羡林

在近现代的中国文坛上,“乡土文学”这个词儿是早就有过的。蜚声中外的大作家沈从文曾经说过:“我来到城市五六年,始终还是一个乡下人,不习惯城市生活,苦苦怀念我家乡那条沅水和水边的人们,我感情和他们不可分。虽然也写都市生活,写城市各阶层人,但对我自己的作品,我比较喜爱的还是那些描写我家乡水边人的哀乐故事。因此我被称作乡土作家。”从文先生以他那独有的生动飘逸的创作风格和表面上似极平淡而实则蕴涵于心中的浓厚的思想感情写成的故事小说,风靡了全中国,在某种程度上也可以说是风靡了世界,为中国的文学宝库增添了辉煌。他是最优秀的乡土文学家。

我的家乡是鲁西北的临清,同从文先生的家乡湘西的边城,迥异其趣。他的家乡有沅水,我的家乡有大运河。但沅水至今仍有源头活水,畅流不绝。我的大运河,除南部一段外,却早已断成两截,北部淤塞,无复河形。

但是,临清毕竟是有名的地方,在津浦铁路修通以前,南北交通的大动脉就是大运河,而临清是大运河北段的重要港口,枢纽地带。隋炀帝以后,历代帝王南巡,大都要经过临清,连名闻天下的元代大旅行家马可·波罗,也到过临清,而且见诸记载。临清当年的辉煌,今天我们已很难想象;但是现在那里画家、书法家、篆刻家、诗家、词家,依然结社会友,吟咏烟霞,抒发逸情,“文采风流今尚存”,差堪比拟也。

同临清比邻的地区首府聊城,也是鲁西文化宝地。虽海源阁之光辉已熄,而光岳楼之巍峨犹在。而胭脂湖绿水垂杨,蕴涵着无量灵气,“欲把胭脂比西子,淡妆浓抹总相同”。那里的文人学士,以及并非昔日文人学士一类之人，都能舞笔弄墨，为现实生活写照，为当前的风物绘图。

王勃云："物华天宝，人杰地灵。"专就"人杰地灵"而论，人杰必借地灵，地灵必出人杰。临清、聊城两地目前都出了一些作家。他们之中，有的本职工作就与写作有关，比如省以上作协、文协的会员。有的本职工作与创作关系不大，比如地委机关干部，他们也在创作。文化局及地区文联的干部与创作有点儿关系，从事创作活动的更多。有类似情况的还有编辑、记者、教师等。最令人欣慰的是其中也有工人，有农民，还有经商的个体户。他们在这鲁西北的大运河畔，在各自从事自己的工作之余，从事创作。他们热爱本乡本土，热爱我们的国家，热爱改革开放的新气象，怀着一腔热血，吸乡土之灵气，化现实于笔端，写出了在不同程度上感人肺腑的小说、诗歌、散文、报告文学，甚至曲艺、小品，外加评论，形式不同，而内容所蕴含者则并无二致。恍兮惚兮，其中有物，这个物不是别的，正是鲁西北大平原的乡土精神。他们把这些作品称之为乡土文学，不亦宜乎！成为一国文化的重要组成部分的文学，必先是乡土的，然后才是民族的；必先是民族的，然后才是世界的。乡土文学必须充分重视，然后才真正能谈到弘扬中华民族的优秀文化，才真正能发扬爱国主义精神。

我们的鲁西北大平原，决不逊于从文先生的湘西边城。我们的大运河也决不逊于从文先生的沅水。但是，我们这一群乡土作家，却无论如何也不敢说，无逊于从文先生。对于从文先生，我们是"高山仰止，景行行止，虽不能至，然心向往之"。从文先生是我们"往之"的对象。既然有了对象，只要勇往直前，锲而不舍，经过千锤百炼，必有达到的一天。这是我的信念，也是我对这一批乡土作家的期望。

现在，京九铁路已经通车，它必能取代当年的大运河，成为鲁西北文化振兴、经济腾飞的基础。我们可以说，这是地更灵的先兆，随之而来的必然是人更杰。这也是我的信念和期望。是为序。

1996.10.23

小病乍愈，窗外落叶如飞蝶

《中国城市百科全书·临清市》题记

临清市是山东历史名城，有其得天独厚的历史条件和地理条件。在过去漫长的历史时期内，西倚运河，东连德、济，北通京、津，南达苏、杭，是南北交通的枢纽，人文学艺的渊薮。明代重要诗人谢榛即出生于此。著名的古典小说《金瓶梅》，也产于此地。遥想当年运河繁盛时期，航船如梭，帆影入画，文人、学士、武将、巨商，联翩驶过，留下了多少流风余韵。连皇帝老爷子，只要南巡，也必经此地，龙舟十里，嫔从如云，清朝的乾隆是人所共知的例子。

到了今天，津浦铁路早已修通，临清交通的重要性当然受到巨大影响。但是，自建国以来，此地的生产，无论是农业方面，还是工业方面，仍居聊城地区之首。最近几年，发展尤为迅速，棉花加工和纺织工业，都已取得了巨大成绩，合资企业也已兴建，发展势头方兴未艾。在文化方面，比如说在饮食文化方面，仍有其独特之处。宴贵宾时，能一次奉上不同的汤七八种之多，用料不同，口味不同，色调不同，芳香不同，而能大快朵颐则一也，往往引起客人极大轰动。此外，社会上文风犹浓，离休老干部、中青年机关工作人员，甚至青年工人和农民，能书画、善诗词者颇不乏人，学校老师当然更不在话下。这种风气，实能为名城增辉。

在这种情况下，临清人民对未来的发展，倍增信心，不是很自然的吗？将来横贯本市的铁路一旦修通，千年运河一旦疏浚，定为南水北调的必经之地，南北文化交流的中枢，生产和文化必能蒸蒸日上，可预卜也。

现在光明日报出版社出版《中国城市百科丛书》，临清市也包括在里面。我觉得，这确实是一大盛举，顺乎潮流，合乎人心，必将受到人民的热烈欢迎。这当然会为临清增辉。但是，我想暂开八戒之口，叫卖老王之瓜，自我吹嘘一番:我们临清也将为本丛书增添光辉。如果有海内君子、域外人士怀疑我是夸大文辞,自吹自擂者,请拭目以待。

季羡林

1990.7.14.于北京燕园

季羡林先生与家乡活动资料汇编

季羡林先生向我市捐赠《传世藏书》

刘晓光

1999年9月27日，著名学者季羡林先生在聊城市委书记张敬涛、秘书长赵立银等陪同下，到故乡临清，向家乡捐赠大型图书《传世藏书》。市领导赵润田、万庆阳、蒋保江、刘德勇、牟桂禄、马景瑞等出席捐赠仪式。市委副书记、市长万庆阳主持捐赠仪式。著名学者季羡林先生、市委书记赵润田分别作重要讲话。

季羡林先生是我市康庄镇官庄村人。几十年来，季先生一直在北京工作，但他一刻也没有忘记过故乡，多次为故乡捐书、捐款。《传世藏书》是季先生主编、数千名学者经过几年努力，编著的历史文化宝库。季先生在讲话中说："每次看到家乡的变化，我都非常激动。我希望我们家乡更加富裕。"他鼓励家乡人民要爱国，爱国必须先爱临清，为祖国和家乡的富强尽自己的力量。

赵润田在讲话中感谢季先生对家乡的厚爱。他说，我们一定高举邓小平理论伟大旗帜，一定要深化改革开放，维护稳定，加快发展，把我们临清建设得更加富强，更加美好。

季先生在临期间，参观了造纸北厂、清真寺、季羡林先生资料馆等。

附：

季羡林先生赠书仪式活动纪实

（1999年9月27日）

万庆阳讲话：同志们！今天我们怀着激动的心情，在这里隆重举行季羡林先生捐书仪式。著名学者季羡林先生遨游学海，博古通今，学贯中西，著

作等身，被誉为学界泰斗，是东方文化的一代宗师，更是我们临清人的骄傲。几十年来，季先生十分关心家乡的建设，多次为故乡捐款捐书，为家乡文化事业的发展做出了重大贡献，这次捐献的大型丛书《传世藏书》，是季老主编、数千名专家学者经过几年的努力而编著的，是珍贵的历史文化财富。今天，季老又风尘仆仆地来到临情，向故乡捐赠图书。我代表临清市委、市政府和全市人民向季老表示崇高的敬意和衷心的感谢！现在宣布，季羡林先生捐书仪式开始。

第一项：鸣炮，奏乐。

第二项：季老捐赠图书，请市委书记赵润田同志接受捐赠。

第三项：少先队员向季老献花，表达家乡人民对季老的敬意。

第四项：请季老为我们讲话。

季老讲话：赵书记、万市长，各位领导，父老乡亲，我很激动，我是来自康庄镇官庄村的孩子，我在家乡待了六年，可是我出来后从没忘记我的家乡，首先是临清，然后是聊城、山东、中国。我一直想尽自己的力量为家乡的父老乡亲做点事情，可是我力量太小。家乡的各位领导同志经常对我表示关切，给我建了一个资料馆。说老实话，我实在是配不上。现在，既然建成了，就算是一个事实了。我希望我们家乡更加富裕。每次看到家乡的变化，我都非常激动，家乡的变化跟我们伟大的祖国——中华人民共和国的变化是分不开的。没有我们伟大祖国的变化，我们家乡也变化不了；我们家乡是伟大祖国的一部分，家乡的命运、山东的命运，跟我们整个中华人民共和国是分不开的。我们国家要兴旺的话，首先要爱国，爱国必须先爱家乡，先爱我们临清、爱我们聊城、爱山东。爱国主义在我们今天是非常必要的。我们国家已经在国际上很有地位了，但是还不够强大。所以，我们必须争一口气，教育我们的孩子们一定要努力奋斗，认真学习，为我们祖国的富强、家乡的富强尽自己的力量。现在我已经88岁了，这个岁数我在年轻的时候根本不敢想象。我这个人胸无大志，我的父亲、母亲都没活到50岁，我计划只活50年，50、60、70、80一转眼就过来了，到后年就90了。到了90岁，我并没有打算画个句号。冯友兰先生有句话："何止以米，相期以茶。"什么意思呢？米(寿)是88岁，108岁是茶寿。活大年纪就得多吃饭，吃饭是为了活着，活着并不是为吃饭，是为了干活，干工作，为我们国家、家乡增光添彩。所以，我们家乡年轻的孩子，第一要发扬爱国主义，必须爱我们的祖国；第二要努力，一个人要不努力什么事也完成不了。如果要我讲什么经验的话,我也没什么经验,但大家只要爱国,我们的家乡就有希望。以后我再来临清,临清会变得更大了。我想将来有机会我还会回来。谢谢!

万庆阳:现在进行第五项。请市委书记赵润田同志讲话。

赵润田讲话:同志们!今天我们在这里举行隆重的捐赠仪式。接受季老亲自捐赠、也是他亲自主编的大型丛书《传世藏书》,让我们再次以热烈的掌声对季老捐赠给我们家乡的一份厚礼、一份厚爱,表示真挚的感谢!大家都知道,季老少小离家,几十年来,一直在学问界上下求索,严谨治学。付出了很大的努力,经历大量的坎坷,终于成为一代宗师、学界泰斗,成为国际间屈指可数的大学问家。拥有这样一位大学者,是我们临清的荣耀,也是我们临清的骄傲。让我们以热烈的掌声,对季老取得的杰出的学术成果表示热烈的祝贺!季老虽然长期在外,但是一直心系故土,从 1973 年以来这是第五次到家乡来:1973 年是第一次,1982 年是第二次,1991 年是第三次,1997 年是第四次,这一次是第五次。这次不仅带来了供资料馆收藏的礼品,而且给我们带来这么厚重的礼物——《传世藏书》。我认为这不仅仅是一套书,而是交给我们了一份沉重的责任、一份殷切的希望。刚才季老在讲话当中,他表达了对家乡的一片挚爱之情,给我们提出了殷切的希望。希望我们家乡的建设者们、希望我们的孩子们要爱国、要努力。在此我代表大家向季老表态,我们一定高举邓小平理论伟大旗帜,深入贯彻党的十五大精神,深化改革,扩大开放,维护稳定,加快发展,把我们临清建设得更加富强、更加美好。最后,祝季老健康长寿。谢谢大家!

万庆阳:现在进行第六项,请聊城市委副秘书长于广超同志讲话。(略)

万庆阳:现在我宣布捐书仪式结束。

(井扬整理)

我市隆重庆祝季羡林先生九十华诞

井　扬

今年8月6日是著名学者、北京大学教授季羡林先生九十华诞。应市委、市政府的邀请，季老在故乡临清度过了一个充满乡情、亲情而又质朴热烈的寿辰。

省人大常委会副主任董凤基、王克玉，北京大学副校长郝斌，中国电影家协会副主席王晓棠，山东大学校长展涛，著名书法家、首都师范大学教授欧阳中石，清华同方股份有限公司总裁助理徐林旗等专程赶来参加祝寿活动。

8月4日上午，季羡林先生一行在北大副校长郝斌、中国电影家协会副主席王晓棠、北大季羡林海外基金会秘书长李玉洁陪同下坐火车返回故乡。中央电视台著名节目主持人倪萍随同来临。我市五大班子领导李吉增、孙景山、蒋保江、洪玉振等到火车站接站。

少小离家老大回，桑梓难忘情相系。8月5日一大早，季老不顾天气炎热，回到故乡康庄镇官庄村看望乡亲们。

听说季老回家乡来了，官庄村及周围村的父老乡亲一大早就等在村口，迎候这位远方的游子。村里的小学生打着小红旗，列队欢迎敬重的季老前辈。季老走进家门，故乡亲人们禁不住激动，都上前向季老问好，季老不住地点头示意。

8月5日晚，由王晓棠导演并编剧的电影《芬芳誓言》在临清剧院上演，正式拉开了祝寿活动的序幕。

翰墨寄深情，拳拳敬老心。各界人士纷纷用书画形式表达对季老的敬仰之情。8月6日早8:30，庆祝季老九十华诞书画展览在临清宾馆小礼堂举办，展出的50余幅作品以庆祝季老九十华诞为主题，表现出很高的艺术水准，烘托出浓郁的祝寿氛围。

8月6日上午10时，庆祝季羡林先生九十华诞茶话会在临清宾馆大会议室隆重举行。北京市及山东省有关单位领导、聊城市六大班子领导、季老的亲友代表、国内各大新闻媒体记者及我市各界人士代表共计200余人参加了茶话会。茶话会由临清市委副书记、副市长洪玉振主持。市委书记万庆阳因公出差，专门发来贺电，祝季老健康长寿，幸福快乐。山东大学、中国孔子基金会等40余家单位向季老献了花篮。临清市委、市政府向季老献上了以范曾《童子献寿图》为图案制作的精致挂毯，作为寿礼。少先队员献词祝贺季老身体健康，万事如意。

聊城市委副书记、市长张秋波在致辞中说，季老终身从事教育，为国家培养了大批的栋梁之材，可谓桃李满天下，其人格风范是高山景行，人人敬仰，家乡人民引以为荣，引以为豪。我们今天看到季老思路敏捷、精神矍铄，身体非常健康，感到由衷的高兴。

市委副书记、市长李吉增在茶话会上代表市委、市政府和全市70万人民祝季老福如东海，寿比南山，向前来参加庆祝活动的各位领导、来宾表示热烈的欢迎和衷心的感谢。李吉增说，季羡林先生是北大历史上最著名的学者教授之一，被尊为国学大师、学界泰斗。拥有这样一位德高望重的学者，是临清的骄傲，是临清人的荣耀。几十年来，季老虽然远居京都，但始终心系桑梓，情牵故土，时刻不忘家乡。他省吃俭用，捐资支援家乡教育事业；他奔走呼吁，为家乡建设筹措资金；他多次撰写文章，宣传临清，让外界了解临清，提高临清的知名度。临清的发展凝聚着季老的心血。季老对家乡的贡献，家乡人民永远不会忘记。

北京大学副校长郝斌、清华同方股份有限公司总裁助理徐林旗、中国电

影家协会副主席王晓棠、山东省人大常委会副主任董凤基、山东大学校长展涛、聊城师范学院院长程玉海等分别致辞，赞颂季老的学术成就及爱国爱家乡的一片赤子之情。山东大学校长展涛还代表季老母校为季老献了花环。

面对家乡父老和社会各界的一片深情，季羡林先生掩饰不住内心的激动之情，即席讲话。季老说："我自己是这样计算的，70岁算中年，90岁算老年，我现在初入老境……何止于米，相期于茶，我看108岁也不是一个了不起的目标。我和老朋友臧克家的目标是活120岁。"季老豪壮的话语激起了与会人员的热烈掌声。

座谈会气氛是那样热烈欢快，充溢着浓浓的乡情、友情和师生情。已届九十高龄的季老还兴致很高地看了文艺节目，并为演员们的精彩表演鼓掌。

8月6日中午，市委、市政府还召开庆祝季羡林先生九十华诞酒会。身板硬朗的季老亲自吹灭了生日蜡烛，用刀切下了一块寿糕。看到季老健康快乐，各位来宾和家乡的人们都感到非常的高兴。

（原载《临清周讯》2001年8月7日）

附：

季羡林先生在茶话会上的讲话

各位领导、各位同志、各位父老乡亲：

今天，临清市委、市人大、市政府、市政协几大班子联合为我举办这个90岁的生日庆祝活动，我一方面感到非常高兴，甚至激动，另一方面又感觉非常惭愧。高兴、激动的原因很简单，任何人经历今天的场面都会高兴和激动的。说惭愧，是因为我认为我不是那么了不起，而是一个很平常的人。我从来也没有什么大志，当时在济南小学毕业以后，我就不敢报考济南一中，因为一中（的成绩）是最高的，我只报了正谊（中学）。这证明我这个人并没有什么雄心壮志。如今我做了一些事，可是离我们国家对我的期望、父老乡亲对我的期望还有很大的距离。正因为此，我感到很惭愧。

这次回家，我在火车上，首先注意的是庄稼怎么样。我是农民出身，对庄稼、对下雨特别感兴趣。我从河北看起，一直看到山东，看到庄稼不错，心里就非常高兴。

虽然我是6岁离开临清、离开清平的，但从我的经历来看，我与临清始终没断。在济南，我的第一个大学级母校是山东大学。今年是山东大学100周年校庆，我做了75年山东大学校友，占学校历史的3/4。今天早晨我问展涛校长，是不是还有比我大的，但超过75年的校友，恐怕很难再有了。当时考入清华大学以后，因为家庭比较困难，清平县每年补助我150元钱。没有那150元，清华我很难上下来。除了德国的母校以外，今天我三个母校的领导都来了，山大的展涛校长、北大的郝斌校长、清华大学的徐林旗老总，我非常高兴。

我现在究竟是怎么打算的？改革开放后，中国人的寿命增加了一倍。大家感觉90岁年纪是很老的，但我自己感觉并没有90岁。我自己是这样计算的，70岁算中年，90岁算老年，我现在初入老境。那么将来怎么样？刚才有人讲了，说是95岁，甚至108岁；我感觉95岁不成问题，99岁的白寿也不成问题。再进一步，“何止以米，相期以茶”，我看108岁也不是一个了不起的目标。在北京的时候，我常和老朋友臧克家在一起。今年过年见他时，他说：“我要活到120岁。”我说：“我要活到120岁，你就是126岁了。”他比我大6岁，我们俩人的目标都是活120岁。

活大年纪是好事，但是怎么活法？有一句话，就是人活着不是为了吃饭，吃饭是为了活着。活着不是为了吃饭，只要活一天就干一天，但我不要求别人。每个人心理情况、身体情况都不一样。就以我自己来说，每天干8小时还可以做到。

昨晚各位同志都观看了王晓棠将军导演的电影《芬芳誓言》，里面有句话用意非常深，那就是“中华民族、中华文化的基础是忠诚”，所以我们要提倡忠诚。忠诚我们的祖国，忠诚我们的山东，忠诚我们的聊城，忠诚我们的临清。每个人相互忠诚，把自己的力量献给我们的国家，我们的人民。现在中国在世界上很有地位了，最近申奥成功就是很具体的证明。可是另外一方面，我们的科技离世界先进水平还有一定的距离。所以，我希望今天的小朋友，中国的大学生、中学生甚至在座的各位领导，大家同心协力，乘现在改革开放的东风，把我们国家建设得越来越好，把我们“忠诚”的道德核心发扬光大。我希望世界不要打仗，我们国内要安定团结；我想世界各国也要安定团结，齐心协力把我们人类的生活再向前推进一步。这是我的希望。

谢谢大家！

临清市委书记万庆阳给季老发来贺电

值我市隆重庆祝季羡林先生九十华诞之际，在外地进行公务活动的市委书记万庆阳专门发来贺电。全文如下：

尊敬的季羡林先生：

前年您回乡赠书时相约在临清欢庆先生九十华诞的愿望如期实现，这是临清的荣耀，也是全市各界人士的共同心愿。

先生少小离家，"爱国、做事"，以崇高的人格魅力及学术成就享誉海内外，堪为家乡人民的骄傲和自豪。

每每念及先生对故乡的热爱，对年轻一辈的厚望，均感责任愈重，干劲愈增。可以相信，有上下左右共同努力，先生故里——临清的明天一定更加美好。

祝先生健康长寿，幸福快乐！

中共临清市委书记　万庆阳

2001年8月6日

在庆祝季羡林先生九十华诞茶话会上的致辞

市委副书记、市长　李吉增

尊敬的季老、尊敬的各位领导、各位来宾、同志们：

季老先生在九十寿辰之时荣归故里，我们感到由衷的高兴。在此，我代表中共临清市委、临清市人民政府和全市70万人民，向季老表达我们诚挚的祝福，祝季老福如东海，寿比南山！向前来参加庆祝活动的各位领导、各位嘉宾、各位朋友，表示热烈的欢迎和衷心的感谢！

季老是我们临清市康庄镇官庄村人，1911年8月6日出生，6岁以前在故里从马景恭先生读书识字，1917年6岁时离开家乡赴济南求学；1930年考入清华大学，1935年赴德国留学，1941年以全优成绩毕业，获哲学博士学位；1946年回国后受聘于北京大学，至今在北大从事教学和学术研究已有50多年，是北大历史上最著名的学者教授之一。几十年来，季老先生遨游学海，学贯中西，治学严谨，著作等身，是我国东方学的开拓者和领路人，是国内外极负盛名的东方学家、语言学家、民族学家、翻译家、史学家、教育家和作家，在多个学术领域都有卓越的成就；季老精通英语、德语、拉丁语等多种语言，是世界上极少数通晓梵巴语、吐火罗语的学者之一。季老撰写的许多专著、论文和翻译作品在国内外都有重大影响。近些年来，季老又以年迈之躯，写出了《糖史》，主编了《传世藏书》《四库全书存目丛书》《神州文化集成》《东方文化集成》等大型丛书，为后人留下了极为珍贵的文化财富，被尊为国学大师、学界泰斗。拥有这样一位德高望重的学者，是我们临清的骄傲，是我们临清人的荣耀。

几十年来，季老虽然远居京都，但始终心系桑梓，情牵故土，时刻不忘家乡。他省吃俭用，捐资支援家乡教育事业；他奔走呼吁，为家乡建设筹措资金；他多次撰写文章，宣传临清，让外界了解临清，提高了临清的知名度。临清的发展凝聚着季老的心血。季老对家乡的贡献，家乡人民永远不会忘记。

季老热爱家乡、支持家乡的精神鼓舞和感召着我们。近年来，临清市委、市政府团结带领全市人民，坚持以经济建设为中心，按照"工业立市，商贸兴市，科教兴临"的总体思路，大力实施对外开放战略，开拓进取，奋勇拼搏，经济建设和各项社会事业都取得了长足发展，综合经济实力明显增强，人民生活水平稳步提高。2000 年，全市完成国内生产总值 34.5 亿元；完成地方财政收入 1.59 亿元，可用财力达到 2 亿元；城市居民人均可支配收入 4375 元，农民人均纯收入达到 2187 元；城乡居民储蓄存款余额 34 亿元。以轻工、纺织、机械为主导的城乡工业快速发展，涌现出一大批大型骨干企业；民营经济发展迅猛，成为临清经济发展的新生力量；农村产业结构调整迈出较大步伐，农民收入逐年增加；商贸流通繁荣活跃，专业市场的辐射面和影响力进一步扩大；外向型经济稳步增长，一批国内外企业相继在临清安家落户；城市建设步伐明显加快，城市设施逐步配套完善，城市功能不断增强，城市容貌发生巨大变化；交通、通信事业发展迅速，基础条件大为改善；科技、教育、文化、卫生、广播电视等各项社会事业也都取得显著成绩。这些年来，我市先后获得"全国体育先进县""全国棉花生产基地县""全国水利先进县""全国科技工作先进县""山东省历史文化名城""山东省省级卫生城市""全省社会治安综合治理模范县"等 40 多

项荣誉称号,还被命名为“京剧之乡”“武术之乡”“酱菜之乡”。临清迅猛的发展势头和蓬勃的发展生机,大大鼓舞了全市70万干部群众的士气,也为今后的发展奠定了良好的基础。目前,全市政通人和,社会稳定,广大干部群众正以饱满的工作热情、良好的精神状态,在各自的工作岗位上勤奋工作,扎实苦干,争做奉献。今年以来,我们又从实际出发,提出了“迎接新挑战,实现新跨越”的奋斗目标,进一步明确了工作重点,理清了工作思路,通过努力工作,争取到2001年底,临清市的国内生产总值达到40亿元,地方财政收入达到1.85亿元,可用财力达到2.2亿元,农民人均收入有较大幅度增长,经济综合实力进一步增强,争取“十五”期间实现临清经济连续性跨越增长,跨入全国县(市)200强行列。

最后,衷心祝愿季老健康长寿,生活美满,万事如意!祝各位领导和嘉宾阖家幸福,工作顺利!

谢谢大家!

北京大学副校长郝斌致辞

尊敬的季老、李市长、张市长,省人大董主任、王主任,聊城、临清的各位领导、各位同志们:

这次,北大陪同季先生来到临清的有12个人。通过这机会,我们12个人能够在季老的家乡临清来向季老贺寿,同时也能分享一位年高、望高、德更高的老寿星的寿辰,我们从心里感到十分高兴。

我们到临清已有三天了,到现在为止,临清的祝寿活动给我的感受是亲切而隆重,但亲切胜于隆重。第一,季先生到了临清以后,在祝寿活动开始之前能够有时间去扫墓、祭祖。第二,三天以来我从旁观察,发现季先生一直生活在乡情之中,这种感觉是我们在北大跟季老接触时体会不到的。就以吃饭来说,小葱蘸酱在北京可以吃到;甜沫,在那儿就吃不到。今天吃早饭时,甜沫一被盛上来,季老就十分高兴,连喝了两碗。所以,我们从季先生的言谈里、眼光里、动作里,看到了浓浓的乡情、亲切的乡情。

最后我想说,季先生身为临清人,身为北大人,所创造的精神财富是属于我们中华民族的,能够在北大和临清为季老祝寿,是我们的荣幸。希望再过五年,我们再共同分享一次给季老祝寿的快乐。

谢谢大家!

清华同方公司总裁助理徐林旗致辞

尊敬的先生、尊敬的各位领导、故乡的亲人们:

今天我能作为先生母校的代表参加故乡人给先生过的生日,感到非常激动。首先,我代表我自己,代表清华的后生——今早校办主任打来电话,希望我代表校领导——向先生的寿辰致以衷心的祝贺!同时也感谢临清人民为清华输送、孕育了这样一位伟人。

今年是清华大学的九十校庆,恰好同先生的寿辰一样,都是90年。在校庆前后,作为先生的后生,我有幸有了更多接触先生的机会,也更加了解到先生之所以学贯中西靠的更多的是勤奋和努力。直到今天九十高龄仍笔耕不止,每天都有两三千文字面世,这样的勤奋,不是我们普通后生所能比的。在这里我们向先生致以崇高的敬意!

在清华90周年校庆期间,我有幸同先生一起畅游清华园。当我们走到闻一多先生的塑像前,先生凝视着碑刻上的那句话“诗人的天赋,主要是爱,爱他的祖国,爱他的人民”,久久不语,而这不也正是先生的写照吗?在他的仁厚的背后,在他的微笑的背后,更多的是爱,他爱家乡,爱母校,爱祖国和人民。我们希望先生和更多的学界大师真正能够“何止米寿,相期于茶”。因为先生的长寿,是我们民族的荣耀。在这里我代表母校再次向先生祝贺,同时也向孕育先生的故乡人民表示衷心的感谢!

中国电影家协会副主席王晓棠致辞

各位领导、各位朋友:

本来我准备了一份简短的发言稿,但听了临清小朋友们优美的一首诗后,就不打算照读了。于是,我坐在那儿仓促地写了这么几句,以少耽误大家的时间,多表达我和王宸、陈林娟三个人的心意。

对季羡林先生,景仰已久。可初次见到他,却是今年6月的时候。6月

9日，季老在李宾教授的陪同下，在北大观看了我们的影片《芬芳誓言》，第二天就为我们写了华章，刊登在8月3日的《人民日报》上，使我们全组和中国电影家协会全体得到这份意外的欢喜，真是情深谊厚。我们惊讶于他以90岁的高龄，只看了一遍电影，就把我们拍摄这部影片的初衷体察得这么深入！我认为，这不仅仅是对一部影片的评价，而是对中华儿女呼唤两岸早日团圆，结束50多年的遥相厮守。我们祝愿季羡林先生以九十华诞为起点，再为我们的百花园地书写一部永驻人间的文艺春秋。

谢谢！

山东省人大常委会副主任董凤基致辞

尊敬的季羡林先生、各位领导、各位来宾：

今天，我们怀着对季先生十分崇敬的心情来祝贺他的90岁生日。季老遨游学海、博览群书、学贯中西，教书育人、孜孜不倦，文章、道德集于一身，被国内外尊为“学界泰斗”“文化大师”。我们临清、聊城及至山东的父老乡亲为有这样一位在学术界领一代风骚的学者感到无比荣幸和自豪。

我想，我们从季老身上可以学到很多。比如：在茫茫的学海中，他那刻苦认真、执着探索的毅力和坚韧不拔的精神；在学术领域，他那独立思考、推陈出新、独树一帜的智慧和科学态度；他在异国他乡，心系国家社稷，身居京都学府，时刻关心家乡建设，爱祖国、爱家乡的崇高品德和人格魅力，他那来自平民百姓、甘做平民百姓，朴实无华、平易近人的落花生精神等，都值得我们好好学习，学一辈子！

祝贺季老九十华诞，向他老人家学习，最重要的是见之于行动。对我们每个人而言，就是要立足自己的岗位，把本职工作做好。对领导干部来说，就是要把老百姓要求办、应该办、能够办的事情办好，把我们临清、聊城，乃至整个山东建设得更好！

临清物华天宝，人杰地灵。在这个方圆近1000平方公里的土地上，就产生了两位载入史册的民族精英，一个是季羡林先生，另一位是张自忠将军。也就是说，在临清，文有季羡林，武有张自忠。临清历史悠久，曾经辉煌一时，改革开放以来，临清发展很快，变化很大。我相信，临清的未来一定会更加美好！

谢谢大家！

山东大学校长展涛致辞

敬爱的季老、尊敬的各位领导、各位朋友：

今天我怀着十分激动的心情，非常荣幸应邀来到这里。我带来的是山东大学4万余名师生对季老最真诚最美好的祝福！季老是我们景仰、崇拜的学界泰斗。在我们心中，他不仅是位学术大师，也是我们中华民族脊梁的代表，深深打动和影响着我们的是他那强烈的爱国情怀和炽热的情感。季老属于临清，属于北大、清华，更属于中国，属于世界。当然，季老也是他中学时代的母校——今天的山东大学的骄傲！

为了表达我们对季老最美好的祝福，我国著名书法家、山东大学教授蒋维崧先生为季老九十华诞题写了《诗经》中的四个字——永锡难老。另外，我还带来了山东大学的学生精心制作的花环，每一朵鲜花都代表了我们对敬爱的季老真诚的一片爱心。请允许我把它给季老戴上！

聊城师范学院院长程玉海致辞

尊敬的季羡林先生、女士们、先生们，各位领导、各位来宾：

今天，我非常荣幸应邀来到这里，代表聊城师范学院一万七千名师生员工，向先生九十华诞献上我们聊师人的真诚祝福，祝寿星生日愉快！

对于当今国人来说，先生这个名字已经是太熟悉了，它近乎中国文化代名词。在先生身上，蕴蓄着中国优秀知识分子可贵的风范，这就是学问的博大精深和为人的谦虚宽容。先生笔下，汩汩流淌的已不仅仅是一般的文章，而更是一种四库全书式的学问，是中华民族最为宝贵而丰富的精神财富。先生之所以做出我们常人难以向背、难以企及的学问，根源于他求实的学风、勤奋的态度以及博大的胸怀。只有做好人，才能做好学问。爱默生说得好："学者是天地的宠儿，国家的精华，是最幸福的人。"先生作为大学者，作为影响几代人的宗师，理应是最幸福的人。但先生少小离家，没有一刻不牵

挂那尚不发达的故乡。先生总说:“月是故乡明,我什么时候能够再看到我故乡里的月亮呢?我怅望南天,心飞向故里。”言为心声,几十年来,季老心系故土。作为学者和教育家,先生时时关注家乡教育事业的发展。作为聊城师范学院的名誉院长,更是以热切的心情对聊城师院倾注了无穷的心志。先生曾多次亲临学校,为学校的前景指点迷津;先生曾慷慨解囊,亲手捐赠了自己担任总主编的《传世藏书》120余册,为学院的建设提供了巨大的精神财富。先生也总是在我们学校发展的关键时刻,诸如硕士学位申报、聊城大学申报等,发挥其独特而又举足轻重的作用。同时,学校的发展、学院的改革也使先生倍感欣慰。因此,我们可以这样说,尊敬的季羡林院长,在您的亲切关怀和指导下,全体师生员工已将您亲笔题写的“敬业、博学、求实、创新”的校训铭记在心里,发奋图强,锐意进取,使学校的各项事业迅速发展。我们也绝不辜负先生的希望,不辜负聊城人民的希望,让先生满意,让聊城人民满意。

季老的90个春秋,横跨20世纪和21世纪两个世纪,历经清朝帝国、中华民国、中华人民共和国三个时代,但始终不变的是他那不懈的追求和拼搏的精神。在21世纪前夕的1998年4月15日,先生曾把“马后桃花马前雪,叫人哪得不回头”两句旧诗改为“马前桃花马后雪,叫人那得肯回头”。在这里,“马前”显然指的是21世纪。今天,21世纪已飘然而至。我们像季老一样,万分虔诚地期望着这个世纪将会是:桃花开满普天之下,绚丽芬芳,香气直冲牛斗!

有人说,先生是一个文雅的老人,正是孩提时代。我们祝愿季老在21世纪里身体健康,永远年轻!

最后,请季老接受我对于一个九十华诞老人深情的鞠躬!谢谢大家!

打开季老的日历

——献给季羡林先生

张岩梅

公元1911年,中国大地爆发了震惊世界的辛亥革命。就在那一年的8月6日,鲁西北临清市的官庄村,诞生了一个普通而又不普通的男孩。

说他普通,是因为他像当时所有贫苦家庭的孩子一样,从小就饱尝了人生的艰辛。

说他不普通，是因为他在几十年后，成为中国文化教育界的一座丰碑，成为世界学术界一颗耀眼的明星。

伴随着第一次世界大战的炮火硝烟和五四运动的震天呐喊，他渐渐长大了。他瞪着惊恐的眼睛，看到的是军阀混战，群魔乱舞，民不聊生。

他六岁的时候，就因为生活所迫离开了家乡，从此，他踏上了漫漫长路，漂流四方。他这一走就是84年啊！但是，他一刻也没忘记自己的家乡，一刻也没忘记自己的母亲。

有多少个夜晚，他哭喊着："娘啊，您的儿子回来了——"然而，这只是一个个美好的梦。

鲁西北的红土给了他坚忍不拔的品格，
济南府的清泉给了他机智聪慧的灵性，
清华园的学海给了他扬帆远航的勇气，
哥廷根的书山给了他登上险峰的殊荣。

1946年，他历经磨难，九死一生，从德国的哥廷根回到了祖国。

从此，北京大学增添了一位年轻的学者，而德国的西克教授，却失去了一个最得意的门生。

从此，朗润园的灯光辉映着他半个多世纪学海泛舟的英姿。

从此，未名湖的水花，录下了他五十年笔耕不辍的身影。

河流百转要归大海，
树高千丈忘不了根。
今天，他又回到了他梦绕魂牵的故土，
今天，他又融进了这难舍难割的乡情。
此刻，他就在我们的身边，他——就是我们盼望已久的季羡林先生。

季老说过："尝够了酸甜苦辣，经历了喜怒哀乐，有时候，光风霁月，有时候，阴霾蔽天，有时候，峰回路转，有时候，柳暗花明。"

季老还说过："往日的时光，回忆起来，却往往觉得美妙无比，回味无穷。"

就让我们轻轻地、轻轻地打开季老的日历吧！这是两万多页的日历啊！

就让我们与季老一起深情的、深情的回忆吧。这里面的故事，只有季老自己能说得清。

有多少转瞬永别，
有多少萍水相逢；
有几多心泪交流，
有几多心潮腾涌。

那是在水木清华读书的时候，季老四年得了八个优，他踌躇满志，心高志远。

有多少个夜晚，他信步走出工字厅，漫步在朱自清的《荷塘月色》中。

那是在德国哥廷根的高斯——韦伯楼里，瓦尔德斯米特教授给他上了第一堂梵文课。

那是在双目失明的克劳泽教授的考场上，他连过三关，获得了博士的美称。

那是在伊姆加德的打字机旁，他达到了他生平中学术成就的第一个高峰。

那是哥廷根秋天的山林深处，留下了他风华正茂的笑声。

那是在第二次世界大战的炮火中，他生活在饥饿的地狱里，八年失去了饱的感觉。

那是在汪精卫政府成立的时候，他愤然宣布自己是无国籍的人。

那是一个因灯光管制而漆黑的夜晚，哥廷根的十里长街雪光皑皑，只有两个移动的身影，那是他搀扶着他的吐火罗文老师西克教授慢慢地回家。

那是他重返哥廷根的时候，他又见到了他久别35年的"博士父亲"瓦尔德施米特教授，他紧握着老师的手流着泪说："老师啊，您的学生看您来了——我还会再回来看你的——"

他忘不了啊，他忘不了哥廷根广场上抱鹅女郎的铜像。

他忘不了啊，他忘不了母亲般的欧普尔太太——他相依为命整整十年的女房东。

他不会忘记著书立说的星夜雾晨。

他不会忘记发奋拼搏的春夏秋冬。

他不会忘记在十年浩劫中当清洁工、看门人的经历。

他不会忘记翻译鸿篇巨制《罗摩衍那》的苦衷。

他也许忘记了,他获得过多少荣誉称号。

他也许忘记了,他培养了多少优秀的学生。

季老,作为晚辈,我们也许没有资格当着你的面讲述你的故事。

但是,你的故事却已经铭刻在我们的心中。

尊敬的季老,这是一个酷热的红七月。

亲爱的季老,这是一个溢彩的新临清。

咱们家乡正在实现跨越式的发展,

咱们临清的前景一片光明。

您为家乡的巨变而高兴,

我们为您的健康而高兴。

请接收家乡人衷心的祝福吧!

祝愿您老人家,

身体健康万事如意,

学术思想永远年轻!

(原载《临清周讯》2001年8月7日,系庆祝季羡林先生九十华诞茶话会少先队员献词)

季羡林先生致市领导的信

尊敬的万庆阳书记,李吉增市长,孙景山主任,蒋保江主席,洪玉振副书记、副市长,牟桂禄主任,张连臣部长,其他领导同志:

承蒙盛情邀请,我得以返乡庆祝九十岁诞辰。我们一行受到了热情而隆重的欢迎和接待,无不交口称誉和感谢。对于我自己来说,这种高谊隆情,我将铭诸五内,毕生难忘,它将是我垂暮之年的鞭策和鼓励,只要我一息尚存,必将发扬"老骥伏枥"的精神,为我们故乡、为我们祖国再做一些有益的工作,以报答各位同志对我的期望。

距我上次返乡，时间仅仅隔了几年，然而我这一次看到的却是一个新临清：街道清洁宽敞，高楼栉次鳞比，人民安居乐业，市场兴隆繁荣，一片安乐和平的景象。所有这一切当然都与各位同志领导是分不开的，我的故乡能有这样一批"父母官"，我这个游子也感到无比的欣慰。

我还观察到，各位同志年纪轻、学历高，办事英明果断、效率极高，一片朝气蓬勃的气象。这种气象完全符合而且适应我们伟大祖国目前经济和文化腾飞的势头和国际地位日益提高的现象。

我们临清自然资源和文化底蕴都是非常雄厚的。在各位同志的领导下，我们的前途正如旭日东升是未可限量的。我这个九旬老人也想发"少年狂"了。

再一次诚挚地致谢。敬祝

近安

季羡林

2001年8月9日

季羡林先生为家乡题词手迹选

井　扬

季羡林先生一生情系家乡，在临清、聊城乃至山东范围内，只要有人找到他，季老都给予支持。凡校庆题词、报纸创刊、医院编志乃至宣传地方名特产品等，到底他题写了多少，至今我们没有准确的统计。现将我们找到的部分题词手迹罗列若干。遗漏之处尚多，希望读者予以补充，以备再版时补录。

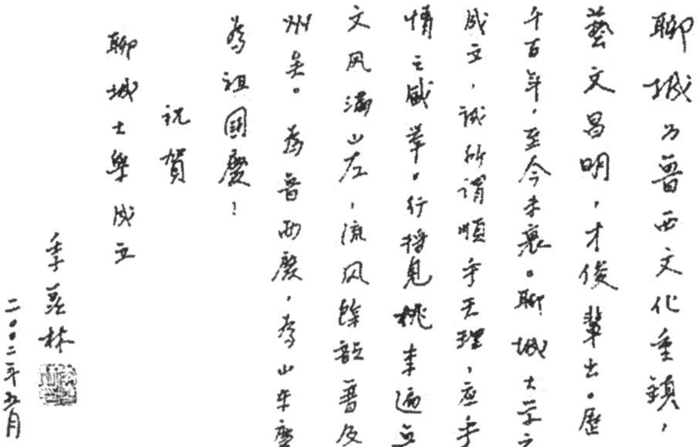

2002 年，季羡林先生题词祝贺聊城大学成立

1998 年，季羡林先生所题《临清周讯》报头

祝贺
临清日报的创刊。现在是信息化社会，
信息量越大，对我们的经济和文化建
设越有好处。让临清日报发展繁
荣！
季羡林 二〇〇二年五月

2002年，季羡林先生为《临清日报》创刊题写报头并题词勉励

临清日報

2002年，季老羡林先生所题《临清日报》报头

热爱祖国
孝顺父母
尊敬师长
伙伴和睦
努力学习
争取进步
将来成材
为民服务
给晓曦
季羡林 一九九六年四月

季羡林先生给中学生的题词（当时题词计两份：一份写给了《聊城日报·教育周刊》；另一份写给了季孟祥先生之子季晓曦，表达了对青年学生的希望）

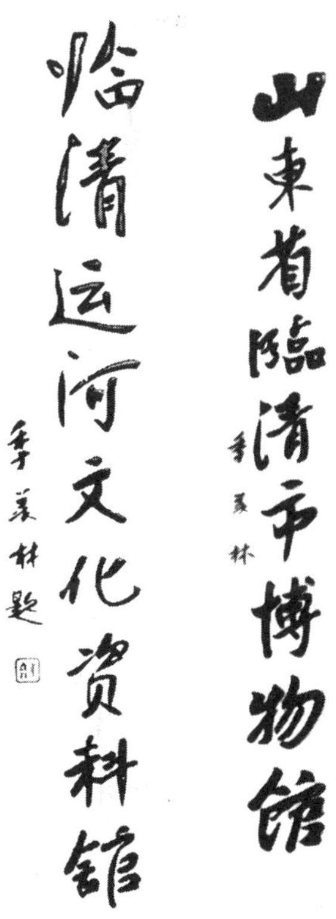

左图：季羡林先生为“临清运河文化资料馆”所题牌匾
右图：季羡林先生为“山东省临清市博物馆”所题牌匾

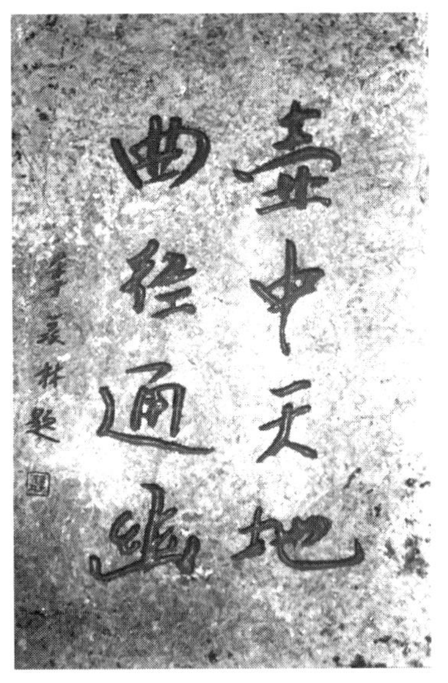

季羡林先生为宛园所题“壶中天地，曲径通幽”碑刻

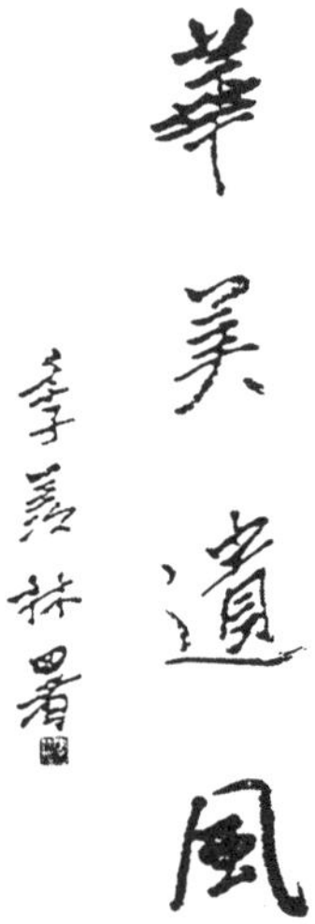

華美遺風

季羡林署

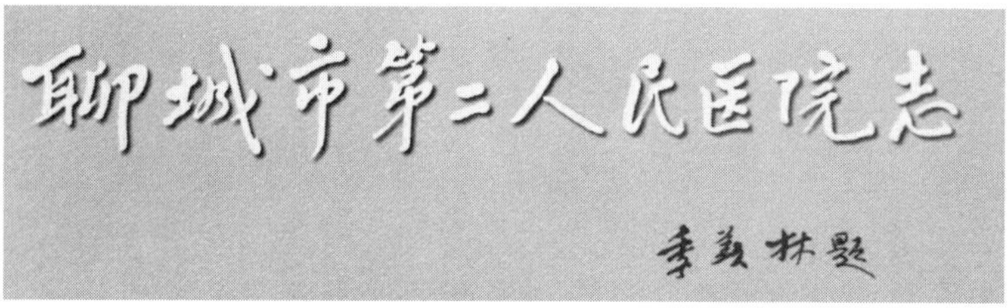

聊城市第二人民医院志

季羡林题

季羡林先生为聊城第二人民医院(前身是创办于1886年的华美教会医院)题词

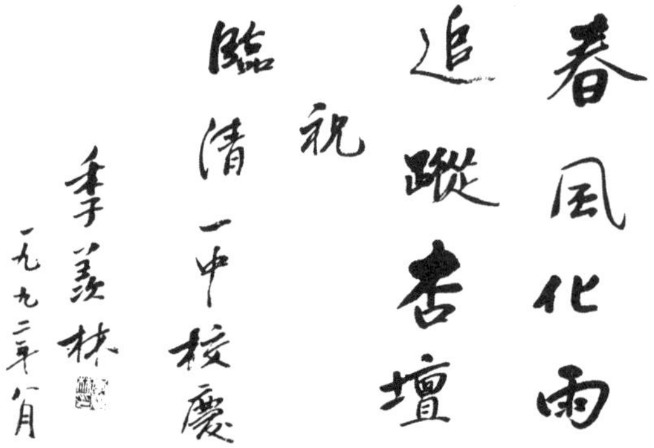

春風化雨

追蹤杏壇

祝臨清一中校慶

季羡林

一九九二年八月

1992年,季羡林先生为临清一中(前身为创办于1942的抗日卫东中学)50周年校庆题词

2000 年，季羡林先生为祝贺临清市京华中学成立题词

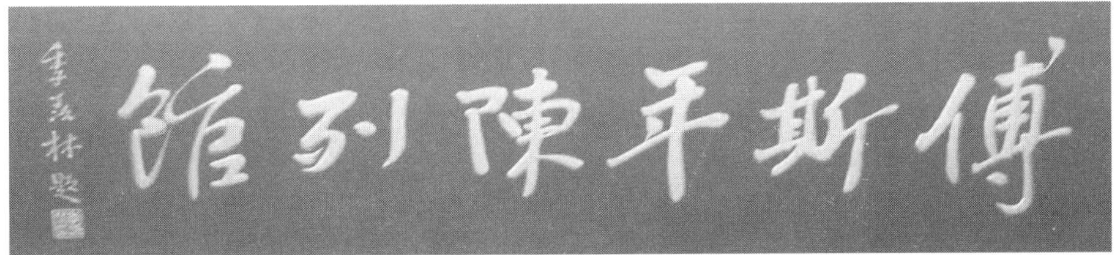

季羡林先生为傅斯年纪念馆题写匾额

季羡林先生为范筑先将军纪念馆撰写楹联

季羡林：一直想在家乡临清建所大学

刘　铭

2009 年 7 月 11 日，当代中国学界泰斗季羡林先生不幸辞世，社会各界无不感到震惊，他的家乡临清人民更是陷入了悲痛和怀念之中。在全国开评“双百人物”之际，记者走进临清市康庄镇大官庄村，听季老的亲人和乡亲讲述眼中、心中的季羡林。

62 岁回乡
季老亲自骑车到村头

8 月 15 日下午，记者走进临清市康庄镇大官庄村，该村村委会主任袁风义听说记者来采访季老的事迹，欣然带着记者走家串户找熟人。

在袁风义的带领下，记者来到了一座极为普通的庄院，季老的堂弟季福林便住在这里。季福林今年已 81 岁高龄，从小便一直住在大官庄。

季福林回忆说，1973 年 8 月初，阔别家乡 40 多年后，季老第一次回家，一家人从北京坐火车到禹城车站下车，然后转乘汽车到达康庄。当时条件差，没有别的交通工具，季福林及家人和村干部到康庄迎接季老一家人，只是准备了自行车和地排车。“原来打算让季老坐地排车，可他执意要骑自行车。”季福林说，随后季老便和儿子季承一起骑自行车到村头，乡亲们早就在村口迎接了。随后，季老停下车子，步行走到家中。

86 岁扫墓
父母坟前连磕仨响头

今年 70 岁的马景瑞与季老同村，退休前任临清市人大常委会副主任，多年来，他和季老成为了无话不谈的朋友。马景瑞回忆说，1997 年 10 月 10 日，已经 86 岁高龄的季老第四次回到临清，并到大官庄为父母扫墓。到家后，季老的家人准备了一些扫墓上供的点心，就去墓地了。

“到墓地后，季老非常激动，眼含热泪，在他祖父母和父母坟前，分别磕了三个响头。”马景瑞说，季老以 86 岁高龄的身躯，按照农村老式规矩在祖父母、父母坟前磕头，是当时在场的每一个人都没有想到的，因而都被他对父母的真情深深地打动了。

25 万助学
捐钱寄书情系故乡学子

今年 70 多岁的马泽敏老人，退休前是康庄镇大官庄小学的校长。马泽敏介绍说，1973 年，季老一家回乡，学生们便敲锣打鼓从村头迎到村里，季老停下自行车一直步行到家。“季老走后，还给学校和村里写了信。”马泽敏说，季老也给小学的孩子们寄来了书，共寄书五六次，都是画册。到 1981 年，季老捐给学生的书已有 2000 多册。

1994 年，季老曾给大官庄捐款 1 万元，用来发展教育事业。“季老捐赠的 1 万块钱，是他自己的奖金。”马泽敏说，当年村里还设立了“官庄村季羡林教育奖励基金”，凡考上大学本科的学生，每人奖励 500 元；考上研究生的学生，每人奖励 1000 元。

位于季老的故乡康庄镇政府西南约 300 米的临清市康庄希望小学，前身是康庄镇中心小学。2007 年 4 月，季老将个人积蓄的 25 万元捐赠到中国

青少年发展基金会，并委托该基金会将这笔资金捐赠给有需要的学校。经过细致考察，这笔善款被捐赠到了他的家乡，在当地教育主管部门的支持配合下，筹资建设了该校的教学楼。

建馆
季老连称自己“配不上”

走进季羡林先生资料馆，首先映入眼帘的是季老雕像，庄重严肃而又不乏亲切感。馆内陈列着季老童年生活的场景、故居、童年嬉戏的水塘、场院，在济南、北京求学及留德十年的历程等大量文字图片，季老一生学术成果及所获国际国内多种荣誉摆满了书柜。

季羡林先生资料馆馆长孟凡亭从建馆开始，便一直担任馆长一职。他告诉记者，1998 年 2 月临清市召开第十四届人民代表大会第一次会议，全体代表一致同意创建“季羡林先生资料馆”。季老得知消息后表示“受之有愧，辞之不恭”。

孟凡亭介绍说，1998 年建馆时，季老保存的不同时期的 300 余张照片，包括留学德国、出国访问时的留影，参加各种会议时与中央首长的合影、与全国著名专家学者的合影以及他和家人的生活照，都进行了翻拍，季老还将藏书中的复本及手稿送给资料馆。1999 年 9 月，季老专程来到临清，向资料馆捐赠了他主编的《传世藏书》。“他从头至尾将资料馆仔细地看了一遍，还对几处写错的解说词做了纠正，并一再表示自己‘配不上，觉得为家乡做的事还太少太少’”孟凡亭说。

夙愿
在临清建一所大学

作为聊城唯一一所高等学府，季老对聊城大学给予了极大关注，学校的每一步前行都让季老欣喜不已。

临清师范学校校长林敬华介绍说，他曾两次与季老见面，季老非常关心临清师范的发展，每次见到季老，他总会为学校提些建议，2000 年还专门为学校题写了校名。“季老一直有个愿望，就是希望能在家乡临清建一所大学，但没有实现。”林敬华说，目前学校在各级领导的关心下，已经成为临清乃至聊城的一所重点学校，“希望真正把教育事业做强做大，也让季老放心。”

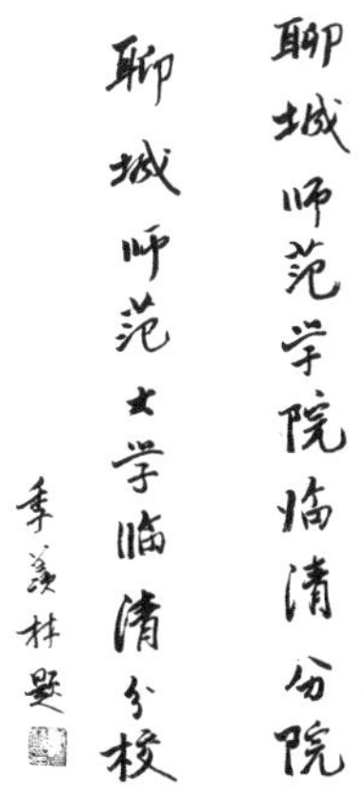

聊城师范学院临清分院

聊城师范大学临清分校

季羡林题

（原载《齐鲁晚报》2009 年 8 月 21 日）

季羡林先生骨灰安放家乡临清

宋庆祥、卞文超、陈春生、孙维华

今天，我国著名学者、北京大学资深教授季羡林先生骨灰安放仪式在他的家乡临清市康庄镇官庄村举行。季羡林憩园、季羡林故居、季羡林纪念馆同日开放。北京大学党委副书记杨河，省委常委、宣传部部长李群，副省长郭兆信出席安放及开馆仪式。

季羡林墓位于临清市康庄镇官庄村季羡林憩园内。憩园占地2387平方米，大门两侧写着“集群贤大成学贯中外，承历代师表德合古今”的对联，由当代著名书法家欧阳中石撰书。季羡林先生喜爱荷花，故在憩园内设立两个荷塘；广场区塑有季羡林先生汉白玉雕像、清塘荷韵碑和题字碑；微地形绿化区有10多种植被。憩园中安葬着季羡林先生的祖父、祖母和父亲、母亲。季羡林生前每次回故乡，都要来这里祭奠。他曾在《故乡行》中写道：“娘啊，这恐怕是你儿子今生最后一次来给您扫墓了，将来我要睡在您的身旁！”季羡林先生骨灰安葬在这里，是他生前遗愿。

季羡林故居坐落于临清市康庄镇官庄村，占地560平方米，总建筑面积178平方米，院落为两进，主院由北房五间、东西厢房各三间组成。院内三棵枣树是季羡林先生祖辈种植，距今已有100余年历史。

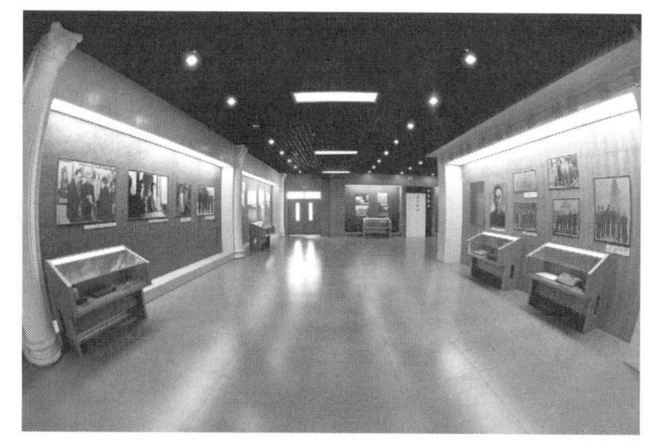

季羡林纪念馆坐落于临清市文化中心建筑群内。纪念馆建筑面积3341平方米，分上、下两层：第一层重点展示季羡林先生生平事迹，分童年时代、济南求学、负笈清华、留德十年、学术生涯、故土深情、高山仰止七部分，展示100多幅图片资料和部分文字资料，全面反映季羡林先生学术生涯及成就；第二层重点展示季羡林先生收藏和学术研究，分书籍展厅、手稿展厅、证书展厅、书房再现、研究中心、多媒体展示厅六部分。整个纪念馆以季羡林先生从事科学研究的历程和学术成就为主题，展现了这位学界泰斗严谨的治学风格、坚持不懈的探索精神以及季羡林先生朴实谦虚的高尚品格和爱祖国、爱人民、爱家乡的赤诚情怀。

（原载《大众日报》2010年4月6日）

季羡林百年诞辰纪念座谈会举行

岳耀军

8月2日上午，纪念季羡林先生100周年诞辰座谈会在临清举行。来自社会各界及季老亲友代表等100余人参加了本次座谈会，大家分别从不同的角度追忆和重温了季老的人生历程、爱国情怀、卓越贡献和大家风范。省人大常委会原副主任王克玉，市委副书记、市长林峰海出席座谈会并致辞，市委常委、宣传部部长贾少勇，聊城大学党委副书记、校长李喆，市人大常委会副主任张同村，市政协副主席孙喜海参加了座谈会。

季羡林，1911年8月2日出生于清平县（今并入临清市）康庄镇，曾长年任教北大，在语言学、文化学、历史学、佛教学、印度学和比较文学等方面都有很深的造诣，研究翻译了梵文著作和德、英等国的多部经典。2009年7月11日，季羡林于北京辞世。

座谈会上，临清市委书记、市人大常委会主任王建鹏，季羡林之子季承，季老生前好友马景瑞，山大教授、《季羡林传》作者蔡德贵，李喆校长先后对季羡林先生的光辉一生和崇高风范进行了深入回忆。林峰海在随后讲话中表示：当前，聊城正处于改革发展的关键时期，推进科学发展、跨越发展，任务十分艰巨。我们纪念季羡林先生就是学习他心系祖国、无私奉献的爱国精神，学习他追求真理、不慕浮华的高尚品格，学习他心系桑梓、故土情深的质朴情怀，学习他治学严谨、生活简朴的崇高风范。最后，王克玉讲述了他与季羡林先生交往的点滴往事，表达了对季老的尊敬与怀念之情。座谈会结束后，与会人员参观了季羡林先生纪念馆。

（原载“聊城新闻网”2011年8月2日）

附：

举世共仰　众口成碑

——在纪念季羡林先生100周年诞辰座谈会上的发言

王克玉

今天，在临清举行纪念季羡林先生100周年诞辰集会，有着特殊的意义。因为举世闻名、深受国人景仰的一代学界泰斗，正是诞生于这方热土；季老一生，那为人朴厚的美德、对祖国和故土的赤子之心，都源发于这方热土。作为家乡人，我们为此而深感骄傲，也因此而更加怀念季老，也有责任将他的精神在这方热土上更好地传承下去。

在今天这个集会上，在对季老的追忆中，我更多地想起了先生对我这个晚辈同乡的关爱之情。我有幸几次与季老交往，当面聆听先生教诲，感受大家风范。他不仅多次亲自赠书给我，还两次惠赐墨宝。每次相见，我注视着他那朴素的装束和慈祥的笑容，倾听着他那“乡音未改”的谈吐，只觉得“一见如故”，真是“听君一席话，胜读十年书”，让我领悟、提高了很多。现在细细想来，我觉得最值得我们传承和学习的季老精神至少有三个方面。

首先，我认为最重要的一点，是学习先生持之以恒的学术态度。学问精深的季老，却谦称自己“不能望大师们的项背，不过是个杂家，一个杂牌军而已”。写出过无数脍炙人口文学作品的季老，仍然称“一生不敢以作家自居”。正是在这种自我鞭策中，季老在八旬之年，开始了他在学术上的“冲刺”阶段，孜孜不倦，以数百万言皇皇巨著留世，而且直到弥留世间的前两天还在动笔，真正做到了“学问一生”。这种学术态度，也是他的人生态度，是我们永远的学习榜样。我比较欣赏写竹子品格的两句话：“未出土时便有节，及凌云处尚虚心。”在与季老的接触中，从他对治学思想的讲述中，我深感这正是对季老的人生写照。我经常想，我们无论从事什么样的工作，都应以这种谦虚而自持，这样，我们的工作肯定会做得更好。

纪念季老，还有非常重要的一点，就是要学习他一生真诚待人、行事正直的高尚人品。季老一生恪守中华民族传统美德，他的人生轨迹，沿着真诚、善良的方向前进，最终达到了“大美”的至高境界。他对亲人、友人、学生，都一以贯之地以诚相待。正如先生自己所说，他的处世原则是“真情、真实、真切”。作为家乡人，相信很多与季老接触过的同志，在这方面都会有着

较深的感受。就我个人而言，经常为季老两次惠赐墨宝而感动不已。第一次赐宝，是季老主动作为，在第一次见面后的十几天写出，并安排人装裱好送来。第二次赐宝，估计是同学在他面前提及，而且这时他已经写出交给我，完全可以不复润笔。然而，他竟然在炎热“荷日”写出，距第一次写出只有四五十天，而且，由第一幅的28个字增加到100多个字。季老不顾86岁高龄，对相识不久的家乡人是何等情深！

第三点，作为家乡人尤其要向季老学习的，是他高尚的爱国情怀。“我身上的优点不多，唯爱国不敢后人，即使我将来变成了灰，我的每一个灰粒也都是爱国的。”相信每一位听过先生这段话的人都会为此而生发由衷的敬意，感佩季老炽热的爱国情怀和民族情怀。季老是这样说的，更是这样做的。季老用一生扎扎实实地做学问，来回报养育他的祖国；用他一生的勤奋，为祖国文化宝库增容添彩。在与先生的交往中，我感到他这种爱国情怀还比较多地体现在他对家乡深厚的情感之中。他在耄耋之年，还多次为家乡的文化建设花费大量心血，并且为家乡修路、修塔、办校、建图书馆尽心尽力地去奔波。我想，季老的言行，再次验证了一个道理：一个真正成为大家的人，无论他在何种领域有所建树，首先他必须是一个不忘根本的爱国者，而且爱国与爱家乡是一致的，爱国者必爱家乡。

在此时此地，使我感到无比高兴的是，人杰地灵的聊城和临清为继承和发扬季老精神已做出自己特有的贡献。这些年，临清市充分利用季羡林先生纪念馆、故居、憩园等阵地优势，发挥其宣传载体和教育平台的效能，对传承发扬季羡林精神起到很好的促进作用，对开展公民思想道德教育起到很好的推动作用，对丰富临清这座历史文化名城的内涵起到了很好的引领作用。特别是这次集会，就是一次很好的文化策划，它不仅是对魂归故里的季老的告慰，也将会推动家乡对季羡林先生的研究趋向深化。同时也是对临清文化建设的一次有力的促进。为此，我们应该十分感谢本次活动的组织者、赞助者与参与者。

最后，我想用日前自己为季羡林先生撰写的一副长联，来表达对季老的怀念和敬仰之情：“知识渊博，学界泰斗，举世共仰；道德高尚，一代典范，众口成碑。”

谢谢大家！

（原载《关爱》2011年第4期）

季羡林精神遗产传承座谈会在济南举行

于国鹏

7月9日，由中国孔子基金会主办、季羡林研究所承办的“季羡林先生精神遗产传承座谈会”在济南举行。来自山东大学、山东社科院的专家学者、季羡林纪念馆人员等从不同角度追忆季羡林先生的人生历程、爱国情怀、卓越贡献和大家风范。与会者一致认同的是，季羡林先生有非常多的精神遗产，尤其是其高尚的人格、严谨的治学精神、开阔的学术视野，都非常值得传承和学习。

学术创见来源于远见

季羡林先生在多个学术领域卓有建树，被誉为“学界泰斗”，这得益于他的学术远见和深邃的学术洞察力。这一点，与会的专家们无不感受深刻。

山东大学教授蔡德贵，在季羡林先生生前曾担任他的学术助手。季羡林先生晚年，他又陪在季羡林身边，记录和整理季羡林的“口述历史”，“相当于听了一学年的课。”

蔡德贵教授说，季羡林先生对“大国学”的创建、对人文学科建设、对民办教育和书院的发展等方面的提倡与支持，都深刻体现着他的远见与卓识。

蔡德贵还说：“其实，季羡林先生80岁后就开始提出了“大国学”这个概念，原因是他当时正撰写中国蔗糖史，研究过程中对中外文化交流的贡献有了更深刻的认识。从1993年起，他开始筹划倡导出版《东方文化集成》，目前已经出版100多卷。其中鲜明体现着季羡林先生的‘大国学’思想，即中华文化是由56个民族共同创造的，外来文化亦有特别贡献。”

后来由季羡林先生担任总顾问的《中国地域文化大系》，把中国地域文化划分为22个，季羡林先生认为："都应当纳入国学研究的范畴。"

蔡德贵教授说，到季羡林先生晚年，至少又在三个不同场合呼吁"大国学"。"他还特别举例说明，像纳西族的天人合一思想，与儒道互补形成的天人合一思想是完全一致的，纳西族文化对中华传统文化的贡献，过去我们只是没有注意到，但是确确实实存在。"

"大国学"概念的提出，对当今学术研究和文化发展，起到的推动作用显而易见。

学术坚持在于真实

山东大学儒学高等研究院教授杜泽逊与季羡林先生的特殊联系，起于《四库全书存目丛书》这一重大古籍整理出版项目。

杜泽逊教授说，正是在这一过程中，充分认识到季羡林先生的学术坚持和学术操守，而这都与季先生实实在在待人、实实在在地做学问密切关联。

当时，杜泽逊因撰写硕士论文《四库全书总目辨伪学发微》而与四库学结缘。1992年1月，杜泽逊在北京琉璃厂"淘"到一部《四库存目》木刻线装本，开始作《四库存目标注》。当年5月，第三次全国古籍整理出版规划会议在北京召开，周绍良先生提议编印《四库全书存目丛书》。后正式组成编纂委员会，由东方文化研究会会长季羡林先生担任总编纂。得知将要编印《四库全书存目丛书》的消息后，杜泽逊写了一篇《四库存目标注叙例》，寄给相关专家征求意见。担任全国古籍规划小组秘书长的傅璇琮先生看后表示充分肯定，于是向北京大学东方文化研究会历史分会推荐杜泽逊参与编辑整理工作。

然而，对于《四库全书存目丛书》是否应整理出版，当时学术界事实上存在极大争议，有些学者认为不宜印行："把《存目丛书》中的全部加以印行，使文化'沉渣'全部泛起，那是纯粹的浪费。"

杜泽逊教授介绍说，在这种情况下，1994～1995年，《存目丛书》编纂出版遇到多种困难，几乎干不下去，季羡林先生描述成"黑云压城城欲摧"。但季羡林先生认为这是关系中华民族文化传承的大事，一定要坚持，曾经表示："我们把《存目丛书》书作为原始材料原封不动地贡献给全世界，首先是中国人民，这就是我们的贡献，而且是很大的贡献。'不着一字，尽得风流'。"

后来，在《存目丛书》首发式暨专家鉴评会上，季羡林先生引用王绍曾教授的看法，又加以分析说：“《存目丛书》书没有什么深奥大义，没有什么了不起，就是有用。”“第二利于保存，不能集中就会散佚。”

杜泽逊教授表示，季羡林先生一些融汇着很深刻思想的学术见解，都是用这样很朴实的话表达出来：“这也是季先生实事求是的一种表现，是宝贵的学术精神。”

如今，《存目丛书》成为学者们经常查阅的图书。

学人的大爱情怀

季羡林先生是一位学者，治学之余，他对家乡以及旧雨新知的特别关照，虽只言片语，点滴之间，体现出一位仁者的宽厚心性，也同样体现出对家乡的大爱情怀。

臧克家和季羡林两先生是故交。山东大学教授臧乐源是臧克家长子，他记得第一次到季羡林家里时，最深的印象“满屋都是书”。“季羡林先生对朋友特重‘信’。他专门题写一幅‘生死之交’，来表达与我父亲之间的深厚感情。”季羡林病中还专门为《臧克家传》题写书名，第二天就去世了，由此也可见季羡林对友谊的重视。

季羡林先生对山东学界也极为关心和支持。泰山学院原党委书记袁明英教授回忆，1996 年，季羡林先生为泰山学院学报题写了“岱宗学刊”的刊名，又欣然接受泰山研究所的邀请，担任高级顾问。得知《岱宗学刊》成为国内外公开发行的学术刊物后，高兴地致信祝贺：“‘岱宗’公开发行，大快人心。泰山是中国文化的主要象征之一，欲弘扬中华文化，必先弘扬泰山文化，这是顺理成章的事。”

山东博物馆研究员鲁勇经常到北京看望季老。有一年，鲁勇又要到北京去，女儿“责怪”他：“别整天东跑西颠的，也多搞点实在的。”小姑娘的意思，是让爸爸多学学季老，多做点实实在在的学问。后来，鲁勇见到季羡林先生，把这个故事讲给他听。“季先生听了非常高兴，他专门去书架上取下那本书，问清楚孩子的名字，书之为小友，嘱我把书送给孩子，鼓励她多读书。”

（原载《大众日报》2013 年 7 月 12 日）

临清市举办季羡林先生逝世5周年纪念系列活动

孙克峰　赵宗锋

7月10日上午，细雨霏霏，季羡林亲友齐聚临清市康庄镇官庄村季羡林憩园，举行季羡林先生逝世5周年追思会。

7月11日是季羡林先生逝世5周年纪念日，临清市提前一天举行了纪念季羡林先生的系列活动，在季羡林憩园的追思会是其中一项。

季羡林先生对母亲有着深深的爱，曾在多篇文章中有过深情的描述，他在《故乡行》一文中写道："娘啊，这恐怕是儿子今生最后一次来给您扫墓了，将来我要睡在您的身旁！"

2010年4月5日，季羡林先生的骨灰安葬在临清市康庄镇官庄村季羡林憩园，实现了他生前的遗愿，回到了母亲身边。

季羡林憩园占地2387平方米，其匾额和"集群贤大成学贯中外，承历代师表德合古今"对联均由欧阳中石撰书。憩园包括荷塘区、广场区、微地形绿化区。

季羡林一生喜爱荷花，故在憩园内设立两个荷塘，广场区塑有季羡林汉白玉雕像、清塘荷韵碑和题字碑。季羡林生前每次回到故乡，都要到这里祭奠先辈。

季羡林之子、中国科学院高能物理所高级工程师季承及妻儿，季羡林的学生、复旦大学历史学系教授钱文忠，季羡林的学生、作家卞毓方，季羡林国学院驻京办事处主任李小军等参加了追思会。

季承在季羡林先生墓前表示，家乡大地培育了季羡林朴实的人格，季羡林虽然长期生活在外地，但家乡一直是他魂牵梦萦的地方，现在魂归故里之后，家乡再次举办追思会，他代表季家及亲友表示感谢。

随后，临清市委、人大、政府、政协以及季承、钱文忠、卞毓方、李小军等向季羡林先生敬献了花篮。

敬献花篮后，钱文忠跪在季羡林墓前磕了四个头，“我拜季先生为师的时候就是行的跪拜礼，人最重要的是要继承传统，今天我再次对季先生行跪拜礼，就是以这种传统方式表达对恩师的怀念和敬意”。

追思会后，季承、钱文忠等参观了位于官庄村的季羡林故居。这里占地560平方米，总建筑面积178平方米，院落为两进，主院由北房五间、东西厢房各三间组成。

故居匾额由著名学者、书法家、教育家欧阳中石书写，院内三棵枣树是季羡林祖辈种植，距今已有百余年历史。季羡林虽然少小离家，但他始终牵挂着故乡，多次回乡看望父老乡亲和学生们，捐款、捐书，赢得了父老乡亲的尊敬和爱戴。

追思会后，临清市还在张彦青艺术馆举行了“追忆大师风范”纪念季羡林先生逝世5周年书画展，在临清宾馆举行了纪念季羡林先生座谈会。

（原载《聊城晚报》2014年7月11日）

季羡林逝世6周年座谈会在临清召开

刘　敏

“心有良知璞玉，笔下道德文章，一介布衣言有物，行有格，贫贱不移，宠辱不惊。”这是季羡林获得2006年感动中国十大人物时的颁奖词。

季羡林先生一生谦虚谨慎，淡泊名利，虚怀若谷，坦诚待人。2009年7月11日，季羡林先生永远离开了，巨星陨落。

2015年7月11日，是季羡林先生逝世6周年纪念日。为缅怀先生，临清市于7月10日组织了纪念季羡林先生追思活动和季羡林逝世6周年座谈会。

聊城传统文化研究会季羡林研究专家委员会主任委员井扬表示，为继承先生的精神，建议设立临清市季羡林教育基金会，并倡议建立羡林书院和季羡林图书馆。

追忆：学习贯彻终生

“转眼间，季老离开我们已经6年了。在这2000多个日夜里，季老时常入我梦中。”季孟祥说，在梦中，他能看到老爷爷经年累月地坐在一把破藤椅上看书写作的孤独背影，他又能看到老爷爷手持小碗给小猫喂食……

临清市文联名誉主席季孟祥，是季羡林的同宗曾孙。他说，有关季老的一切，如今只能存在于梦乡和回忆中了。

季老的学习是贯彻终生的。少年时期的无意识学习，他的成绩不是最好的。但当他有学习意识后，成绩就一直保持名列前茅。

10岁的季羡林在叔父的安排下，课余参加了两个学习班：英文、古文。

每天放学之后，先上一个班，晚饭后再上另一个班。季羡林的多篇唐诗和古文，就是在那时背过的，至老不忘。

季羡林的英文基础也是在那时打下的。“季老考大学时，北大的一个英文试题中，就有一道题目是把一首古诗译成英文。多少考生全考懵了。”季孟祥说，而季老则同时被清华、北大录取。

季羡林在德国留学时，初期的学习和生活还正常，但“二战”开始后，他在德国几乎陷入了饥饿的地狱。

“我最近翻看他在德国的日记，发现有很长一段时间，他总是挨饿。因为物资供应不行，更主要的是他没钱。”季孟祥告诉记者，季羡林仅有的一点钱，还常常用于订购了各种书籍。

在那期间，季羡林身体很差，面色苍白，许多人都以为他生病了。在忍受着饥饿摧残，还要躲避盟军空袭的情况下，季老依然在努力地学习着。

最后的博士考试中，他的笔试、论文等得了四个优等，震惊了老师和同学，赢得了他在学术界的地位。

季羡林到了晚年仍在学习。他常说，他的学术冲刺是从 80 岁开始的。80 岁以后，他常泡图书馆，风雨无阻，寒暑不易。几年的努力，终于写出了皇皇巨著——《糖史》，并获得了长江文学奖。

“在我的印象里，一直到他去世，他从未停止过工作和学习。”季孟祥说，住在医院里，季老还写出了《病榻杂忆》。如果我们能像季老一样地努力学习和工作，没有什么困难不能克服。

故事：毕业论文花三年时间查阅资料

“季羡林先生是一代硕学大儒，是临清人的骄傲。”井扬在座谈会上表示，季羡林精神是一种精益求精、严谨治学的大家风范。

季羡林在德国留学期间，受到德国老师“彻底性”的很大影响，他们的学风异常认真、细致、谨严，写文章都是再三斟酌，尽量做到天衣无缝才去发表。这给季羡林很大的影响。

在哥廷根大学做毕业论文时，季羡林曾花了很长时间准备写篇《导言》，想表现一下文采，炫耀一下。

可是，他的导师瓦尔德施米特教授在这篇《导言》前画了一个前括号，在

最后画了一个后括号，笑着说：“这篇《导言》统统不要，里面全是华而不实的空话，一点新东西也没有。”

这件事给季羡林的刺激和启发极大，使他毕生受用不尽。

季羡林的毕业论文完成以后，老师要求他从头至尾认真核对，而且要核对所有引用过的书籍和报刊。

他写毕业论文花了三年时间查阅书籍报刊资料，再重新借阅一遍，心里很腻味，但老师要求严格，他便硬着头皮，耐住性子，一本一本地借，一本一本地查，把论文中引用的大量资料重新核对一遍，以免发生任何一点错误。

这篇毕业论文学术价值极高，引文准确无误，至今仍是印度学领域的权威著作。

有了这样的“彻底性”，季先生在写作的时候，始终掌握一条原则，绝不重复陈词滥调，没有新意不写。而且，年龄越大，地位越高，对读者的责任心越强。

建议：设立临清市季羡林教育基金会

俭朴是季羡林先生做人的本色，一身中山装、一双布鞋穿了多年都不换，居住的环境没有豪华的装修，没有高档的电器，只有堆积如山的图书。

季羡林先生多次讲：“平生爱国，不甘后人，即使把我烧成灰，我也是爱国的！”

季羡林对家乡临清同样充满深情。他平生不求人，却为了临清舍利塔的维修，破例向胡乔木求情，由国家文物局拨专款对舍利塔进行了维修。他给家乡捐赠了《传世藏书》，建立了官庄小学教育基金。

赵紫云是临清市文化艺术交流中心副主任，主要负责季羡林先生纪念馆的日常工作和讲解接待任务。她告诉记者，临清市在筹建季羡林先生资料馆时，曾征求季羡林先生意见，他却说“受之有愧，辞之不恭”。

资料馆建成后，他特意来到家乡，给资料馆赠送了由他主编的《传世藏书》一套，丰富了馆藏资料。

临清市委常委、宣传部部长衣述光表示，先生去世后，为寄托对先生的缅怀思念之情，临清修建了季羡林先生纪念馆、故居和憩园。

2010年清明节，临清隆重举行了季羡林先生骨灰安葬仪式和故居、纪念馆对外开放仪式。临清官庄的憩园和故居，成为后人凭吊和缅怀先生的重要场所。

纪念馆建筑面积 3341 平方米，现已成为临清市一处重要的爱国主义教育基地，开馆以来共接待领导和各界群众近百万人次。

季老去世已经 6 年了，一代文化大师渐行渐远。“但先生对临清家乡的关爱历历如在眼前，先生的精神仍是我们取之不尽的宝贵财富。”井扬表示，作为家乡人，我们更应该将先生的精神发扬光大。

“要跟踪季学研究动态，收集季学文献资料，出版研究书刊。”井扬建议建立羡林书库，但凡先生主编之书籍、杂志、追思文章、音视频资料，要尽可能地收集齐全；并在季羡林先生纪念馆内设立研究中心。

另外，井扬还建议设立临清市季羡林教育基金会，并倡议建立羡林书院和季羡林图书馆。

（原载《聊城晚报》2015 年 7 月 13 日）

跋：今天，我们怎么纪念季羡林先生？

井　扬

季羡林先生是一代硕学大儒，是临清人的骄傲。在季先生辞世10周年的今天，我们作为家乡人，应该怎么纪念季羡林先生？这是笔者一直在思考的课题。我们纪念季先生，就应当继承羡林精神，致力于建设文化名城。

一、深度挖掘季羡林治学精神的内涵

季羡林先生学贯中西，古今兼通，在佛学、敦煌学、翻译学等诸多领域卓有建树。季羡林先生一生取得的丰硕成果和崇高的境界，绝不是偶然的。这是季羡林独特的人生经历、齐鲁文化之熏陶等诸多因素共同作用的结果。大体有以下几点：

一是学无止境、寸阴是竞的进取精神。季先生也曾是一名懵懂少年，只知玩耍而有时荒废学业。但在济南山大附中、清华大学，他有幸得遇诸多名师，受到王寿彭、胡适、陈寅恪、傅斯年等大家的鼓励和熏陶，培养起了向学之志。这种对学术的追求影响了他的一生。即使“文化大革命”中被勒令看大门，他也利用点滴时间，一边看门房，一边偷偷地翻译了卷帙浩繁的印度史诗《罗摩衍那》。

季先生还有一点值得我们学习的就是：“为学永不晚。”由于历次政治运动及“文化大革命”的影响，季先生真正焕发学术青春是在十一届三中全会后的三十年间。其时，季先生已处高龄，但他“老骥伏枥，志在千里；烈士暮年，壮心不已。”为了写《糖史》，在两年多的时间里，先生以80多岁的高龄，几乎天天跑北京大学图书馆，在《四库全书》和“二十四史”中搜寻“糖”和“石蜜”。他自己说过，他为此查阅的中外资料，“估计恐怕要有几十万页”。很多北大人都知道,先生桌前的台灯成了朗润园的“启明星”,甚至在北京 301 医院的病床上,先生依然笔耕不辍,佳作迭出。可以说,季先生的一生真正体现了为学日益、寸阴是竞的进取精神。有耕耘才有收获,比起季老当时的冲刺,我们现在都还有大把的时间。是追赶时间、超越自我,还是虚掷光阴、随波逐流呢?这全靠我们自己的选择!

二是精益求精、严谨治学的大家风范。季羡林先生在德国留学期间,受到德国老师的“彻底性”的很大影响,他们的学风异常认真、细致、谨严,写文章都是再三斟酌,尽量做到天衣无缝才去发表。这给季先生以很大的影响。在哥廷根大学做毕业论文时,他曾花了很长时间准备写篇《导言》,想表现一下文采,炫耀一下。可他的导师瓦尔德施米特教授在这篇《导言》前画了一个前括号,在最后画了一个后括号,笑着说:“这篇《导言》统统不要!里面全是华而不实的空话,一点新东西也没有!”这件事给季先生的刺激和启发极大,使他毕生受用不尽。季先生的毕业论文完成以后,老师要求他从头至尾认真核对,不但要核对从卡片上抄入论文的篇、章、字、句,而且要核对所有引用过的书籍和报刊。他写毕业论文花了三年时间查阅书籍报刊资料,再重新借阅一遍,心里很腻味,但老师要求严格,他便硬着头皮,耐住性子,一本一本地借,一本一本地查,把论文中引用的资料重新核对了一遍,以免发生任何一点错误。这篇毕业论文学术价值极高,引文准确无误,至今仍是印度学领域的权威著述。1947 年,季羡林用中、英文两种语言发表了力作《浮屠与佛》,发千古未发之微,提出“佛陀”乃“佛”之加长,“佛”非“佛陀”之略称,使“佛”的出现早于“佛陀”这一史实得以澄清。1990 年,他又写成《再谈浮屠与佛》,靠多年积累的大量资料,解决了前文中遗留下来的一个问题,论证了“浮屠”“佛陀”来自大夏语,而“佛”则译自其他伊朗语族文字,以此证明佛教传入中国有两条路线:一条是印度—大夏(大月氏)—中国,用“浮屠”“佛陀”;另一条路线是印度—中亚—中国,更正了前文中的“佛教直接入华”说。有了这样的“彻底性”,季先生在写作时,始终掌握一条原则:绝不重复陈词滥调,没有新意不写。季先生常说:“鹦鹉学舌,非我所能;陈陈相因,非我所愿,写一篇文章,总想在里面提出哪怕是小小的一点新看法。”季先生至今已经写下 1000 多万字的论著,长的论文一篇有 10 多万字,短的只有几百字,几百篇散文、序、跋,篇篇没有类似之处,新论、新意迭出。一部部学术专著,也都是填补空白之作,佛教研究是这样,语言学研究是这样,中外文化交

流史研究也是这样。一部中外《糖史》，成为历史学领域扛鼎之作，其地位足以与沈从文先生的《中国古代服饰研究》相颉颃。季羡林先生做学问的“彻底性”，不仅表现在追求新论、新意，而且还表现在严谨而细致的治学态度上，就是遣词造句这样的小事，先生也从来不敢有懈怠。年龄越大，地位越高，对读者的责任心越强。季先生说，在自己年轻时写的文章中有一些不习见的词儿，那是“初生牛犊不怕虎”的气概使然。而到老年，“胆子越来越小，经常翻查字典，往往是心中想出一个词儿，如果稍有怀疑，则以词典为据，词典中没有的，绝不写进文章。简直有点战战兢兢的意味了”。出于这些原因，王国维治学三境界中的第三境，即辛弃疾《青玉案·元夕》“众里寻他千百度，蓦然回首，那人却在灯火阑珊处”这一境界，季羡林早就顺理成章地达到了，而且是有所超越的。

三是热爱祖国、情系桑梓的赤子情怀。季羡林先生多次讲：“平生爱国，不甘后人，即使把我烧成灰，我也是爱国的！”求学清华时，他加入赴南京要求蒋介石政府抗日的请愿行列，还到农村去宣传抗日爱国。他赴德留学，“是为了爱国”，在德国法西斯统治的黑暗岁月里，虽然忍饥挨饿，仍然发奋学习希腊文、拉丁文、梵文、吐火罗文、巴利文，研读梵语佛教经典。当考试成绩门门得优、毕业论文顺利通过时，他的感受是：“我没有给中国人丢脸，可以告慰亲爱的祖国。”

季羡林回国到北京大学工作后，就把爱国精神化成报效祖国的教学与研究的实践。他不断地开创学术研究的新领域、新课题，忘我地献身学术研究，以实践爱国、报国的志愿。他在归国三年里写了40多篇文章，有13篇学术论文而自觉满意；他又为20世纪50年代前五年“我的学术研究成果竟是一个零”而自责，感到愧疚。正是基于学术报国的意志，他在“文化大革命”后期偷偷地翻译蜚声世界文坛的印度史诗《罗摩衍那》。他每天提心吊胆地进行着：先把原诗译成白话散文，然后反复推敲修改成四行一韵的诗句，历经5个寒暑，终于把长达8万行的《罗摩衍那》译成中文，为中国翻译史和中印文化交流史建造了一座丰碑。

季羡林对家乡临清同样充满深情。他平生不求人，却为了临清舍利塔之维修，破例向胡乔木求情，由国家文物局拨专款对舍利塔进行维修。他给家乡捐赠了《传世藏书》，建立了官庄小学教育基金。这方面的事例举不胜举。

二、我们应怎样继承季羡林的治学精神?

前贤既逝,德音永存。虽然季先生离开我们已10年,一代文化大师渐行渐远,但先生对临清家乡的关爱历历如在眼前,季羡林的治学精神仍是我们取之不尽的宝贵财富。我们更应该将先生的治学精神发扬光大,来告慰先生在天之灵。我们可以在以下几个方面做一努力:

一是继续学习、研究、收集季先生的著作。这是我们弘扬季羡林的治学精神的基础性工作。要跟踪季学研究动态,收集季学文献资料,出版研究书刊。建立羡林书库,大凡先生主编之书籍、杂志、追思文章、音视频资料,要尽可能地收集齐全。以季老治学之精神,做好季学研究工作,从而扩大临清的影响。在季羡林先生纪念馆内设立研究中心,加强与钱锺书纪念馆、胡适纪念馆、傅斯年纪念馆、中国孔子基金会、韩山师范学院等相关单位的联系,互通有无,收集相关资料。尽早启动羡林碑林的工作,请学术名流、书法大家乐黛云、王邦维、卞维方、樊锦诗、刘守安、刘绍刚等,为季先生题词、撰诗、撰文。

二是设立临清市季羡林教育基金会。季先生门人弟子众多,也留下了很多珍贵的文化遗产。如果我们能够成功运作季羡林教育基金会,对于弘扬季羡林的治学精神、激励临清学子以季羡林为榜样都将起到积极的作用。据悉,湖北宜城市就成立了自忠基金会,由张自忠将军的后人及部下共同出资成立,定期发放奖学金,有着很好的社会反响。结合纪念武训120周年诞辰,在全社会进一步营造尊师重教的良好风尚。

三是建立羡林书院和季羡林图书馆。习近平总书记对继承中华民族优秀传统文化高度重视,在视察山东时专程到曲阜考察,就继承和弘扬中华传统文化,弘扬中华传统美德发表了重要讲话。习总书记指出:"要结合对孔子及儒家思想的研究和传播,要搞好四个讲清楚:要讲清楚中华文化积淀着中华民族最深沉的精神追求,是中华民族生生不息、发展壮大的丰厚滋养;讲清楚中华优秀传统文化是中华民族的突出优势,是我们最深厚的文化软实力;讲清楚每个国家和民族的历史传统、文化积淀、基本国情不同,其发展道路必然有着自己的特色;讲清楚中国特色社会主义植根于中华文化沃土、反映中国人民意愿、适应中国和时代发展进步要求,有着深厚历史渊源和广泛现实基础。"为贯彻习总书记讲话精神,山东各地都建有尼山讲堂、书院,

对弘扬中华优秀传统文化发挥了积极作用。聊城建立了海源书院，定期敦聘著名学者到书院讲学。我们也应以设立羡林书院为契机，加强与国内外学术界的联系，弘扬中华优秀传统文化。同时，随着临清市南部新区的建成，建立南部新区文体中心、图书馆分馆也应提上议事日程。如果我们有条件设立分馆，建议命名为“季羡林图书馆”，不仅有利于我市图书馆的达标升级，也有利提升临清市的知名度和美誉度。

新时代，新使命，呼唤新作为。继承羡林精神、建设文化名城，任重道远。我们要与时俱进，“不凝滞于物 ，而能与世推移。”我们深知，学习季羡林先生高尚的品德、创新的精神和严谨的治学态度，弘扬中华优秀传统文化，努力建设经济文化强市，这将是我们缅怀先生的最好方式。我们要不懈地努力，再努力……

2019 年 6 月 10 日

（本文系笔者在纪念季羡林先生逝世 6 周年座谈会上的发言，略作修改以代跋，请予指正）

后 记

2019年7月11日,是著名学者季羡林先生逝世10周年纪念日。临清市委、市政府决定联合聊城大学季羡林学院,开展系列纪念活动,包括举办运河名城大讲堂季羡林事迹讲座,召开纪念季羡林先生逝世10周年追思会、座谈会,编辑《高山景行——家乡人记忆中的季羡林先生》文集等。

编辑《高山景行——家乡人记忆中的季羡林先生》文集是纪念季羡林先生逝世10周年活动的重要内容之一。市委、市政府对此活动高度重视,成立了由主要领导挂帅的编委会,给予大力支持。具体实施由市委宣传部牵头,市委党史研究中心、市作家协会主要负责落实。编选组成员主要有马鲁奎、井扬、季孟祥、杨林鸿、张立科等。张伟、朱永亮、张汉刚同志参与了部分资料收集、整理及排版等工作。常鑫磊、吴晶晶等同志参与了校对工作。

参与本书编选的几名同志,怀着对季老的尊崇热爱之情和高度的历史责任感,周密细致地组织材料,克服了时间紧、人手少、任务重的困难,加班加点,不辞辛苦,收集了较为翔实的资料,并认真编校,确保了书稿的质量。本书选编范围包括三部分:一是反映家乡人士(包括聊城、临清,个别扩大到省直乃至在京人士)与季老交往、聆听季老教诲等方面内容的作品;二是季羡林先生写家乡的相关作品;三是辑录季羡林先生生前给家乡赠书及辞世后家乡举办纪念活动的相关新闻报道及资料实录、会议纪念文章等。

为编辑这本文集,我们自2019年3月发出征文通知起,共征集到社会各界人士撰写或提供的反映季老与家乡情谊的各类文章30余篇;同时通过查阅相关报纸、杂志及网络,又收集到相关文章20余篇,共约27万字。本书文章绝大多数已获作者授权,但还有个别作者出于各种原因未能联系上,如有相关事宜请与临清市委宣传部或作家协会联系。由于我们水平有限,时间紧张,所选文章难免有所遗漏,敬请谅解。在此也对提供有关资料的季老亲属及提供文章的作者表示衷心的感谢。

编　者

2019年6月6日